Hamburger Edition
Institut für Sozialforschung

Walter Manoschek (Hg.)

»Es gibt nur eines für das Judentum: Vernichtung«

Das Judenbild in deutschen Soldatenbriefen 1939–1944

Hamburger Edition

Hamburger Edition HIS Verlagsges. mbH
Mittelweg 36
20148 Hamburg

Umschlaggestaltung: Wilfried Gandras
Herstellung: Jan Enns
Satz: aus Garamond
von KCS GmbH, Buchholz / Hamburg
Druck und Bindung: Clausen & Bosse, Leck
Printed in Germany
ISBN 3-930908-05-0
2. Auflage Oktober 1996

Die Deutsche Bibliothek – CIP-Einheitsaufnahme –

»Es gibt nur eines für das Judentum: Vernichtung«: das Judenbild in deutschen Soldatenbriefen / Walter Manoscheck (Hg.). – Hamburg: Hamburger Ed., 1995
ISBN 3-930908-05-0
NE: Manoscheck, Walter [Hrsg.]

»Es gibt nur eines für das Judentum: Vernichtung«

Das Judenbild in deutschen Soldatenbriefen 1939–1944

Das Klischee von der scharfen Trennung zwischen der SS, die die »Schmutzarbeit« verrichtete, und der »anständigen« Wehrmacht, die ihre »Pflicht für die Heimat« an der Front erfüllte, wird seit Kriegsende kultiviert und lebt in der deutschen und österreichischen Gesellschaft bis heute nahezu ungebrochen fort. Auch in der wissenschaftlichen Auseinandersetzung wurde die Beteiligung der Wehrmacht am Vernichtungskrieg im Osten und Südosten erst in den letzten Jahren ausgeleuchtet. Dabei ist verstärkt der Anteil der Wehrmacht an der Judenvernichtung ins Blickfeld gerückt.[1] Bekannt sind die sogenannten »verbrecherischen Befehle« der Wehrmachtsführung, die bereits bei der Vorbereitung des Überfalls auf die Sowjetunion erlassen wurden und im Zuge des propagierten »Weltanschauungskrieges« gegen den »jüdischen Bolschewismus« ihre Fortsetzung fanden: sie reichten vom »Kommissarbefehl« des OKW-Chefs Generalfeldmarschall Wilhelm Keitel, in dem der Truppe befohlen wurde, politische Kommissare im Operationsgebiet »sofort mit der Waffe zu erledigen«, über die Anweisung des Oberbefehlshabers des Heeres, Generalfeldmarschall von Brauchitsch, an hohe Truppenführer, »daß der Kampf von Rasse zu Rasse geführt wird, und mit nötiger Schärfe« vorgegangen werden muß, bis hin zu den berüchtigten Befehlen von Generalfeldmarschall von Reichenau und Generaloberst von Manstein vom Herbst 1941, in denen sie zum Feldzug »gegen das jüdisch-bolschewistische System« und zum Verständnis »für die Notwendigkeit der harten Sühne am Judentum« aufriefen.

Die mehr als drei Millionen Soldaten des deutschen Heeres im Osten wurden vom Oberkommando der Wehrmacht am Tag des Überfalls auf die Sowjetunion in einem Tagesbefehl mit den Zielen des Ostkrieges vertraut gemacht – Ziele, die der herrschenden NS-Ideologie vom »jüdischen Bolschewismus« entsprachen: unter anderem sollte die Truppe energisch »durchgreifen gegen bolschewistische Hetzer, Freischärler, Saboteure, Juden«. Diese Anordnungen wurden durch die Wehrmachtspropaganda entsprechend unterstützt: Im Juni-Heft der »Mitteilungen für die Truppe« von 1941 etwa hieß es: »Was Bolschewisten sind, daß weiß jeder, der einmal einen Blick in das Gesicht eines der Roten Kommissare geworfen hat. Hier sind keine theoretischen Erörterungen mehr nötig. Es hieße die Tiere beleidigen, wollte man die Züge dieser zu einem hohen Prozentsatz jüdischen Menschenkinder tierisch nennen.«

Als der Krieg im Osten begann, war das totalitäre nationalsozialistische Gesellschaftssystem seit Jahren etabliert, hatte sich der rassistische Antisemitismus insbesondere seit Kriegsbeginn immer mehr zum zentralen ideologischen Kern des NS-Systems entwickelt. Wie die hier abgedruckten Feldpostbriefe zeigen, entsprachen die von oben »verordneten« und propagierten Judenbilder den Überzeugungen und Ansichten so mancher Soldaten. Vor diesem Hintergrund und angesichts von Feldpostbriefen, in denen mit größter Selbstverständlichkeit geschrieben steht, »die Juden müßten mal alle weg bzw. kaltgestellt werden«, in denen die Juden als »bettelnde Hyänen« charakterisiert werden und andernorts ein Schreiber voller Stolz seinen Eltern berichtet, daß er und seine Kameraden bisher etwa 1000 Juden »mit Knüppeln und Spaten erschlagen« hätten, drängt sich die Frage auf, ob die einschlägigen Befehle der Wehrmachtsführung nicht aus einem Amalgam von »Du mußt« und »Du darfst« bestanden.[2]

Der Zweite Weltkrieg aus der Perspektive des »kleinen Mannes« war bislang kaum von Forschungsinteresse. Die fast ausschließliche Fixierung auf die traditionelle Perspektive »von oben« ist um so erstaunlicher, als mehr als zehn Millionen deutscher und österreichischer Soldaten Hitlers Armee angehörten. Es war im wesentlichen diese Frontgeneration, die die Geschichte und Gesellschaft der drei großdeutschen Nachkriegsländer (auf sehr unterschiedliche Weise) bestimmte – jene

(Männer-)Generation, die – ob bewußt oder unbewußt – von der Kriegserfahrung und den Feindbildern nachdrücklich geprägt war.

Die wenigen Ansätze, die sich mit einer »Mentalitätsgeschichte des kleinen Landsers« beschäftigen, ließen die rassistischen Anschauungen und Taten dieser Soldaten ausgeklammert;[3] meist werden die Leiden des Frontalltags beschrieben, und die Mannschaftssoldaten vornehmlich als Opfer des Krieges dargestellt, womit zumindest implizit an einem nunmehr umgekehrten »Soldatenmythos von unten« gewoben wird.[4]

Die hier auszugsweise abgedruckten Feldpostbriefe stammen aus der »Sammlung Sterz«, die in der Bibliothek für Zeitgeschichte in Stuttgart aufbewahrt wird.[5] Es handelt sich dabei um den Nachlaß von Reinhold Sterz, der – bis zu seinem frühen Tod – in akribischer Kleinarbeit etwa 50000 Feldpostbriefe aus der NS-Zeit gesammelt und systematisch archiviert hat.

In diesen Briefen spiegeln sich von Kriegsbeginn an alle Arten judenfeindlicher Stereotypen wider. Durch die zeitchronologische Zusammenstellung wird deutlich, wie verblüffend synchron sich die antisemitischen Stereotypen der Briefeschreiber zum jeweiligen Stand der nationalsozialistischen Judenpolitik verhielten. Die Fülle antijüdischer Forderungen reicht von der Vertreibung der Juden aus Europa (»Mögen sie, nämlich die Juden, einen anderen Erdteil mit ihrem Besuch beehren«, Gefreiter A. M., 1.8.1940), bis zur dezidierten Forderung nach der »Endlösung«: »Es gibt nur eins für das Judentum: Vernichtung« (Feldwebel E. E., 18.12.1942). Der Vernichtungswille existiert bis zum Kriegsende. Doch ab 1943 – als sich die militärische Niederlage deutlich abzuzeichnen begann – mischte sich der Vernichtungswille immer stärker mit Rache- und Bestrafungsphantasien. Die bedrohlichen Konsequenzen, die die eigenen Verbrechen nach sich ziehen könnten, traten nunmehr als Angstprojektionen in den Vordergrund: »Dazu hört man im Radio immer wieder, wie man von seiten unserer Gegner mit uns Deutschen verfahren will, wenn der Krieg zu Ende ist. Bis zur Hälfte soll das deutsche Volk zur Zwangsarbeit herangezogen werden. Für uns in Westdeutschland ist es da vielleicht noch gut, unter die Besatzung der Westmächte zu kommen. Die Juden werden da ja bestimmt Vergeltung halten. Ich bin aber der Meinung, die werden ihre Feinde schon wiedererkennen. Im ganzen gesehen scheint es so, daß das Strafgericht Gottes noch nicht zu Ende ist« (Gefreiter H. W., 29.9.1943).

Walter Manoschek

Anmerkungen

1 Eine umfassende Bibliographie zu diesem Themenbereich ist abgedruckt in: Mittelweg 36. Zeitschrift des Hamburger Instituts für Sozialforschung, 3. Jg., Juni/Juli 1994, Heft 3.

2 Siehe dazu Jan Philipp Reemtsma, Charisma und Terror. Gedanken zum Verhältnis intentionalistischer und funktionalistischer Deutungen der nationalsozialistischen Vernichtungspolitik, in: Arbeitsstelle des Frankfurter Lern- und Dokumentationszentrum des Holocaust, Fritz Bauer Institut, Materialien Nr. 10, S. 12.

3 In dem – insgesamt sehr verdienstvollen – Sammelband »Der Krieg des kleinen Mannes« (Wolfram Wette [Hg.], München 1992) beschäftigen sich acht Aufsätze mit dem Dritten Reich und dem Zweiten Weltkrieg aus Sicht der Mannschaftssoldaten. In keinem dieser Beiträge wird die rassistische Dimension des Krieges angesprochen. Volker Ullrich hingegen analysierte u. a. Feldpostbriefe aus der »Sammlung Sterz« unter dem Gesichtspunkt, inwieweit Wehrmachtssoldaten – und vermittels der Feldpostbriefe auch die »Heimatfront« – über die Judenvernichtung Bescheid wußten (Volker Ullrich, »Wir haben nichts gewußt« – Ein deutsches Trauma, in: 1999. Zeitschrift für Sozialgeschichte des 20. und 21. Jahrhunderts, Oktober 1991, Heft 4, S. 11–46).

4 Buchbender/Sterz etwa charakterisieren ihre Zielsetzung folgendermaßen: »Im Mittelpunkt steht dabei der Mensch, sein persönliches Schicksal, fernab von Statistiken und Zahlen, in denen die Schrecken des Krieges anonym bleiben« (Ortwin Buchbender/Reinhold Sterz [Hg.], Das andere Gesicht des Krieges. Deutsche Feldpostbriefe 1939–1945, 2. Aufl., München 1983, S. 9). In einem Kapitel werden – allerdings kommentarlos – insgesamt elf Briefauszüge antisemitischen Inhalts abgedruckt.

5 An dieser Stelle möchte ich Frau Irina Renz von der Bibliothek für Zeitgeschichte in Stuttgart für ihre hilfreiche und unbürokratische Unterstützung bei der Rechercheart herzlich danken.

21.9.1939 Donnerstag
F. P.
1. Kp./Wach-Btl. 521
FPN 09 840

»... Heute gab es ein Hallo. Ich war bei einem Juden einen Radioapparat zu requirieren (den er logischerweise nicht hatte). Als ich aber die Pistole zog und ihm sagte, er soll sich drei Schritte entfernen, gab er ihn heraus, und zu unserer Überraschung hatte er – – 130 Flaschen Wein, außerdem sieben Fässer zu 250 Liter liegen. Wir machten einige Flaschen auf, ließen ihn zuerst trinken, damit wir die Gewißheit haben, ob der Wein nicht vergiftet ist. Trinkt er, dann können wir auch trinken. Nun Weiberl, prost! Bei uns ist es so, wir sind im Feindesland, und ich traue keinem Menschen! Lieber soll die Pistole sprechen, bevor ich daran glaube, denn Munition haben wir genug. Denn wenn Du solche Menschen siehst, bleibt Dir der Verstand stehen, daß so etwas im 20. Jahrhundert noch möglich ist. Die Juden wollen uns die Hand küssen, aber – wir ziehen die Pistole, und man hört *Gott soll mich beschützen* – und er läuft, so schnell er kann ...«

15.10.1939 Sonntag
Uffz. K. S.
6. Kp./Inf.Rgt. 41, 10. Inf.Div. (Warschau)
PN 09 770

»... Die Juden und Kriegsgewinnler finanzieren die Hetze, daß das Volk verdummt wird. Eines steht fest: Deutschland, Italien und Rußland bilden einen Block, der kämpfen und siegen wird. Allerdings werden diesmal viel daran glauben müssen, auch auf unserer Seite. Das ist aber nicht von Belang, wichtig ist, daß unser schönes kultiviertes Deutschland verschont bleiben möge ...«

18.10.1939 Mittwoch
O'Gefr. H. S.
3. Kp./Inf.Rgt. 63, 27. Inf.Div. (Krasnick)
FPN 23 400

»... Die Läden sind zum Teil wieder geöffnet, so daß man sich etwas kaufen kann. Sie werden zum größten Teil von Juden geführt, und es ekelt einen, wenn man in einen Judenladen kommt ...«

17.11.1939 Freitag
Uffz. K. S.
6. Kp./Inf.Rgt. 41, 10. Inf.Div. (Warschau)
FPN 09 770

»... Der Engländer muß die Schlappe voll bekomme, eher gibt er seine Kriegshetze nicht auf, und das kommt auch bloß durch die Finanzierung des Juden. Diese Lumpen setzen doch alles dran, wenn's nur gegen Deutschland geht. Ein typisches Beispiel ist das Attentat auf unseren Führer. Diesmal wird's unseren Gegnern nicht mehr gelingen, einen Zerfall im Innern heraufzubeschwören ...«

10.12.1939
Uffz. A.K.
3. Kp./Wehrkreis-Reit- und Fahrschule X/I (Leslau/Polen)

»... Wir sind hier in einer Stadt von ungefähr 70000 Einwohnern, darunter sind aber auch 20 000 Juden. Die Juden sind hier alle durch ein gelbes Dreieck auf dem Rücken gekennzeichnet und dürfen nicht auf dem Bürgersteig gehen. [...] Die Bevölkerung hier ist ja auch schon ganz anders als wir sind, die haben alle so etwas Heimtückisches an sich. [...] Das Elend, das man hier zum Teil antrifft, ist ganz schlimm. Da war es höchste Zeit, daß da einmal eine Wendung eingetreten ist. Die Polen selbst sind ja nicht so arg begeistert von der neuen Regierung. Es ist hier jetzt nämlich auch das Lebensmittelkartensystem eingeführt worden, und da ist es jetzt erst recht schlimm. All zu lange kann es ja nicht mehr hier dauern, dann sind sämtliche Polen und Juden von hier weg. Leslau soll, soviel wir bis jetzt gehört haben, eine vollkommen deutsche Stadt abgeben. Es sind jetzt auch schon ziemlich viel Deutsche hier angekommen, man hört da wenigstens jetzt auch auf der Straße die deutsche Sprache öfters und nicht immer das Gewelche der Polen. Am Anfang war es ja ganz schlimm für uns, wir konnten uns nur mit Mühe und Not verständigen. Sonst ist die Stadt an sich durch den Krieg ziemlich verschont geblieben. Es sind in der ganzen Stadt nur ein paar Häuser von Volksdeutschen niedergebrannt worden. Das schlimmste, was von dem Krieg heimgesucht wurde, ist die Weichselbrücke. Die ist von den Polen vollkommen gesprengt worden. Die Brücke wurde 1936 gebaut und ist 480 m lang und kostete ungefähr 8 Millionen Mark. Was hier die Volksdeutschen alles während des Krieges auszustehen hatten, muß unbeschreiblich gewesen sein. Wir haben uns kürzlich einmal von einem Volksdeutschen so manches erzählen lassen, das fast in Worten gar nicht zu schildern ist ...«

30.12.1939 Samstag
O'Gefr. J. E.
Inf.Ers.Btl. 134 (Wien-Strebersdorf)

»... Nach 53 Tagen Dienstfahrt durch das ehemalige polnische Gebiet, vorbei an den Kreuzen der ermordeten Volksdeutschen und quer durch das Protektorat bin ich heute wieder in Wien eingetroffen. Unser Auto, mit welchem unser Bataillons-Adjutant und ich fuhren, glich mehr einem Mistwagen, als einem Personenauto. Doch Krieg ist Krieg, und Schmutz ist Schmutz. [...] Straßen fanden wir höchst selten, und so ging es oft bis zu den Kotflügeln im Boden steckend bleiben von Stadt zu Stadt, Dorf zu Dorf, wohin uns der Befehl führte. Überall sahen wir die furchtbare Wirkung der Einschläge unserer Artillerie und der Fliegerbomben. Wahrlich kein schönes Bild für nervös veranlagte Menschen. Doch immer wieder Leute, die unermüdlich an dem Aufbau der Städte und Straßen, Häuser und Gärten arbeiteten. Und Juden – noch selten sah ich so verwahrloste Gestalten herumgehen, in Fetzen gehüllt, schmutzig, schmierig. Wie eine Pest kamen uns diese vor. Das gemeine Geschau, hinterlistige Fragen und Getue haben uns oftmals nach der Pistole greifen lassen, um gar zu neugierige und zudringliche Subjekte die Wirklichkeit wieder ins Gedächtnis zurückzurufen. Man konnte nicht genug aufpassen, um nicht unvorhergesehen in die ewigen Jagdgründe geschickt zu werden. Einem Kameraden aus dem Altreich erging es so, als er mit einem Juden sprach und sich nach der nächsten Ortschaft erkundigte, kaum hatte sich das Auto dann in Bewegung gesetzt, als ihm ein Junge einen Dolch durch den geöffneten Seitenschlag in den Hals stieß. Dieser mußte aber sofort nach der Tat ebenfalls das Zeitliche segnen, da der Feldwebel, bevor er verschied, ihn noch niederschießen konnte. Deshalb fuhren wir stets mit entsicherter Pistole durch das Land und wehe dem, der unangefochten unserem Wagen zu nahe kommen wollte ...«

3.3.1940 Sonntag
Sold. L. K.
18. Feldrekruten-Kp./Inf.Rgt. 319
231. Inf.Div. (Rzeszow)
FPN 36 169 B

»... Die Stadt, in der wir hier sind, hat ungefähr 40000 Einwohner, davon sind fast die Hälfte Juden. Dementsprechend sieht nun auch das Stadtbild aus. So verdreckt und schmierig wie diese Juden sind auch die Straßen und Wohnungen. Aber man merkt hier schon, daß nun deutsche Ordnung und Sauberkeit hier einzieht ...«

2.6.1940 Sonntag
Gefr. H. Z.
Stab/Heeres-San.Abt. 601
FPN 07 784

»... Hätten Sie mal hier die Juden gesehen, wie die Deutschen im Anzug waren. Ich sah einen Juden mit seinem Gepäck an einem Taxi stehen und dem Chauffeur 6000.– Frs. (600.– RM) bieten, wenn er ihn an die Küste fahren würde, damit er noch ein Schiff nach England bekäme. Schon kam der zweite Jude und bot 7000.– Frs. für die gleiche Fahrt; dann kam ein dritter in aufgelöstem Zustand und mit zitternden Beinen: Bitte, bitte, nehmen Sie mich mit, ich gäbe 10000.– Frs. Da habe ich herzlich gelacht und meine Freunde sagten: Wir bleiben ruhig hier, ich kenne die Deutschen, die tun uns nichts, wenn wir ihnen nichts tun, und wir sind geblieben und froh darüber, daß wir jetzt das Elend der vielen Flüchtlinge nicht mitmachen müssen ...«

1.8.1940 Donnerstag
Gefr. A. M.
Stab III/Inf.Rgt. 109, 35. Inf.Div. (aus Holland)
FPN 02 169 A

»... Ein Jude ist seit Menschengedenken immer Unglück auf Europas Boden gewesen. Es ist geschichtlich dokumentarisch festgestellt, daß sich seit dem ersten Eindringen der Juden und seiner Religion in Europa Europas Völker bekriegen. [...] Es ist ihnen gelungen, den Weltfrieden zu zerstören, und – heute, erst 2000 Jahre danach, entsteht die wirkliche Gegenaktion, die Europa wieder zu Europa und Deutschland wieder zum Reiche aller Deutschen germanischen Ursprungs macht. Mögen sie, nämlich die Juden, die diese als ihre Vorfahren priesen, einen anderen Erdteil mit ihrem Besuch beehren. In Europa ist es aus, Asien steht ihnen offen, denn da ist ja ihre eigentliche Heimat, da gibt's nichts mehr zu ergaunern, bleibt also noch Afrika, Australien und Amerika: Afrika wird ihnen zu »barbarisch«, Australien zu klein sein, wäre also nur noch Amerika übrig. Wenn sie tatsächlich den Weg dahin wählen, können wir uns, und mit uns alle Europäer glücklich preisen, sie so weit vom Halse zu haben. In Amerika dagegen wird man auch bald erkannt haben, was für ein Segen ihnen mit diesem Volk ins Land kommt. Vielleicht dauert's abermals 2000 Jahre, vielleicht weniger, wahrscheinlich aber mehr. Auf jeden Fall können sie da drüben in Amerika Politik betreiben so viel sie wollen, den Frieden Europas werden sie nie mehr stören. Dafür wird die Idee, von einem Führer in die Welt gerufen, schon weitgehend Sorge tragen; sein Volk hat diese Idee erkannt, geht mit dieser Idee, andere schlossen und schließen sich ihr noch an. Es ist diese Idee, die Verwirklichung des Gedankens

Europas Frieden zu sichern

für alle Zeiten. Dieser Gedanke kann nicht eher zur Tat werden, ehe ein England aus Europas Karte als Macht gestrichen ist, seine Kulissenmänner aber unschädlich gemacht sind ...«

12.8.1940 Montag
Gefr. H. K.
3. Kp./Inf.Rgt. 527, 298. Inf.Div.
FPN 18 292 D

»... Wir wurden vor acht Tagen nach Polen transportiert. 22 Stunden dauerte die Fahrt, bis wir hier, in der Nähe von Lublin, eintrafen. Die Ortschaft hat ca. 16000 Einwohner, davon sind 14000 Juden. Aber richtige Juden, mit Bart und dreckig, genau gesagt noch schlimmer, wie sie im STÜRMER immer beschrieben werden. Alle, ob Mann oder Frau, müssen eine Armbinde tragen. Es ist dies bestimmt nicht nötig, denn man kennt sie auch so schon. Aber grüßen müssen sie uns. Die ganze Bevölkerung ist verseucht und total verdreckt. Sie können sich gar nicht vorstellen, was man hier zu sehen bekommt. Und dieses Kulturvolk wollte Berlin erobern! Man sieht zu, daß man mit den Bewohnern gar nicht in Berührung kommt. Die Geschäfte, die hier sind, sind größtenteils jüdisch, es ist alles so unappetitlich und unsauber, auch wahnsinnig teuer, so daß man gar nichts kaufen mag. Und dann die Wohnungen, nein, es sind nur Löcher, in Deutschland gibt es solche Zustände nicht mehr ...«

13.8.1940, Dienstag
Uffz. H. H.
Stab/87. Inf.Div. (aus Frankreich)
FPN 27 038

»... Wir sind hier in einem von einem jüdischen Emigranten bewohnt gewesenen Haus. Sehr vieles Silbergeschirr wird wohl noch einen Herrn finden. Langsam, denke ich, wird Stück um Stück den Weg in die Heimat finden. Das ist der Krieg ...«

25.8.1940
Gefr. W. W.
3. Kp./Inf.Rgt. 507, 292. Inf.Div. (Siedlce)
FPN 05 070 D

»... Die Hoffnung, nach England mitzukommen, kann auch ich so ziemlich aufgeben. Ihr gerade in der Heimat seid ja näher am Schuß wie wir an der russischen Grenze. Wir wissen ja, daß Ihr die englischen Besuche in Ruhe ertragt. Gerade jetzt, wenn man über 1000 km von der Wiege entfernt ist, dann spürt man erst, was die Heimat für jeden bedeutet ...

Hier diese Stadt hat 40000 Einwohner, davon sind 30000 Juden. Gut die Hälfte der Häuser ist von den Russen zusammengeschossen worden. Die Juden liegen wie die Schweine auf der Straße herum, gerade eines ›auserwählten Volkes‹ würdig. Man kann hier auch kaum etwas essen, da es erstens zu dreckig zugeht und zweitens zu teuer ist. Das Dreifache kostet hier beinahe alles ...

Überall, wo wir für unser Großdeutsches Vaterland stehen, sind wir stolz, dem Führer helfen zu können. Die Größe der Zeit werden erst Generationen nach uns begreifen können. Aber wir alle wollen vor der Geschichte bestehen, voll Stolz, auch unsere Pflicht getan zu haben ...«

11.9.1940 Mittwoch
Gefr. H. N.

»... Als unsere Fahrt beendet war, befanden wir uns in einer Stadt, deren Bevölkerung zu 80 Prozent Juden waren. Was das heißt, kann nur der ermessen, der Polen und seine Juden kennt. Schon der einzelne von ihnen, mit Bart und Kaftan, ist ein widerwärtiger Anblick, aber gleich Tausende von dieser Sorte, das ist beinahe zu viel. Was helfen alle sonstigen Verbesserungen, diesen Menschen will und kann man wohl nicht ändern ...

Da die Juden aber gezwungen wurden, sich und ihre Geschäfte zu kennzeichnen, was mit dem Davidstern am rechten Arm bzw. an der Schaufensterscheibe geschieht, ist das vorherrschende Element nur allzu deutlich sichtbar geworden. Trotzdem scheinen sich die Juden noch recht wohl zu fühlen, handelten unter der Hand lustig weiter, da sich ihnen durch das eingeführte Bezugscheinsystem ungeahnte Möglichkeiten boten. Dem wurde nun vor kurzer Zeit ein Riegel vorgeschoben, der die Juden sehr empfindlich traf. Sie sollten arbeiten! Groß an allen Anschlagstafeln stand es in deutscher und polnischer Sprache.

Daraufhin faßte man sie in Kolonnen zusammen und stellte sie zum Bauen an, ließ sie Straßen sprengen und fegen. Mit betrübten Gesichtern oder schmerzverzogener Miene, wenn es sich um eine etwas schwerere Arbeit handelte, standen sie da, zum Gaudium der Zuschauer. Der Anblick war aber auch zum Lachen, denn auch kein noch so großer Menschenfreund hätte behaupten können, die Juden hätten Arbeiten verrichten müssen, die bei uns nicht von jedem Jungen geleistet werden. Als die Juden merkten, daß man sie nicht bedauerte, kehrte bald ihre gewohnte Frechheit zurück, die Arbeit wurde um noch einige Grade langsamer, und wenn man heute einen Film davon drehen würde, glaubte bestimmt jeder, es wäre eine Zeitlupenaufnahme ...«

1.11.1940 Freitag
Uffz. K. G.
2. Kp./Kr.Trsp.Abt. 552 (Warschau)
FPN 10 048

»... Monumentalgebäude gibt es keine mehr, sie sind Ruinen. Stadttheater, Schloß liegen in Trümmern. Die Juden werden jetzt alle in einem Viertel zusammengepfercht und mit einer Mauer eingeschlossen. Da können sie dann wurschteln wie sie wollen ...«

17.11.1940 Sonntag
E.
3. Kp./Inf.Rgt. 472, 252. Inf.Div.
FPN 39 690 D

»... Es wäre alles in Ordnung, nur die Bevölkerung ist wenig erfreulich. Es ist ein ganz verdrecktes Volk. Juden gibt es keine mehr in dieser Stadt, die sind etwas weiter weg in einem Dorf. Gestern sind wir durchmarschiert durch dieses Dorf, wenn man es so nennen kann. Es ist ganz furchtbar, wie es da aussieht. Überall wo man hinschaut Dreck, und die Juden selbst strotzen voll lauter Dreck. Es ist ganz komisch, die Juden grüßen uns alle, obwohl wir nicht danken und auch nicht dürfen. Die schwingen die Mütze bis zum Erdboden. Sie haben zwar keine Grußpflicht, aber das ist noch von der S.S. her, die haben die Juden so abgerichtet. Wenn man diese Menschen so betrachtet, bekommt man so den Eindruck, daß die wirklich keine Berechtigung haben, überhaupt auf Gottes Erdboden zu leben. Das muß man mit eigenen Augen gesehen haben, sonst glaubt man das nicht. In dieser Stadt, wo wir sind, gibt es nur bei der Straßenreinigung Juden. Das ist hochinteressant, da zuzusehen ...«

4.1.1941 Samstag
O'Gefr. C. K.
Ln.Kp.(mot.)/Flughafenbereich Radom

»... Hier gibt es fast nur Polen und Juden, wenig Deutsche, und Heimatlaute hört man fast ausschließlich von Soldaten. Von der Kultur ist die Gegend auch nicht berührt worden, und es gibt hier Hütten mit Menschen, daß man nur staunen kann, wie es möglich ist, daß Menschen so hausen können. Da wohnt man bei uns wie im Paradies, und man kommt sich reich vor gegen diese rückständigen, verdreckten Menschen. Die Judenheit hier läuft noch frei herum und hat nur Armbinden als Zeichen, in Litzmannstadt sind Ghettos eingerichtet, das ist besser, aber hier ist ja Polen ein Original, und da kennt man sie nicht ...«

12.3.1941
Gefr. L. B.
10. le.Fahrkol./Inf.Div.Kol. 296, 296. Inf.Div.
FPN 04 650

»... In Frankreich haben wir nicht so viel zu sehen bekommen wie hier. Da geht es zu mit den Juden, und wie da die SS auftritt gegen diese Schweinehunde. Die möchten immer gern ihre Armbinden weg haben, damit man die Juden nicht erkennt. Aber dann bekommen sie Schellen von den SS-Leuten, dann geben sie klein bei, die Sau-Juden ...«

17.3.1941 Montag
Gefr. L. B.
3. Kp./Nachsch.Btl. 563 (Zamość)

»... Gestern habe ich mir mal die Stadt etwas näher angesehen. Besonders interessant sind in allen Orten die Judenviertel. Ich habe da einen Umzug beobachtet. Der übliche, mistwagenähnliche Wagen. Damit wird alles gefahren, vom Mist bis zur Sonntagsfahrt. So ein Umzug zum Beispiel wäre der schönste, vielleicht preisgekrönte Faschingswagen. Ich ging in ein Haus und sah mir mal eine Judenwohnung an. Überhaupt kein Boden drin, sondern der offene Lehmboden, der natürlich eine unbeschreibliche Feuchtigkeit ausstrahlte. Ein Warmwerden kommt da natürlich nicht in Frage ...«

23.4.1941 Mittwoch
St'Fw. C. B.
Trsp.Kol.d.Lw. 9/VII (aus Polen)
FPN L 34 215

»... So ist man den ganzen Tag unterwegs, um dies alles zu organisieren, wie man bei uns dazu sagt. Außer Material kann man hier sogar Arbeitskräfte anfordern, die man ohne weiteres bekommt, weil es sehr viele Leute hat, die froh sind, wenn sie etwas verdienen können. Es ist ähnlich wie in Frankreich, nur sind es hier die Juden, die für uns arbeiten, allerdings muß man sie immer antreiben. Heute nachmittag hatten wir vier Stück, die eine andere Einheit, die im gleichen Gebäude untergebracht ist, angefordert hat, und die wir uns zum Wegebau geangelt haben. Es sind Gestalten, die man bemitleiden könnte, wenn es keine Juden wären. Man hat kaum sonstwo in der Welt Gelegenheit, so verhungerte und verdreckte Gestalten zu sehen, wie hier. Dazu gehören aber alle Menschen, nicht nur die Juden ...«

27.4.1941 Sonntag
Gefr. G. R.
10. Kp./Inf.Rgt. 70, 111. Inf.Div.
FPN 12 729 C

»... Hier sind auch alle Juden zusammengepfercht. In den Städten hat man ihnen sogar ein Viertel zugewiesen. Da dürfen sie überhaupt nicht heraus. Die Ausgangsstraßen sind gesperrt für sie durch Drahtverhau, und ein Posten steht davor. Ich möchte kein Jude sein. Zu diesem Kapitel könnte ich Euch noch mehr schreiben ...«

11.5.1941 Sonntag
...
Stab/Korps-Nachr.Abt. 455
FPN 18 006

»... Nun bin ich wieder unter Slawen, die dazu hier noch unsere Feinde waren und dementsprechend behandelt werden und sich gegen uns verhalten. Eine Menge Juden gibt es hier auch noch. Da wir in einer größeren Stadt sind, wurden diese ins Ghetto zusammengezogen. Das war und ist für unsereinen eine fremde Welt, was sich da dem Auge, der Nase, dem Ohr an Schmutz und Elend bietet. Doch scheinen die Leute nicht besonders darunter zu leiden ...«

18.5.41.

Meine Lieben!

Euren Brief, datiert vom 11.5.41. habe ich am 15.5.41. erhalten. Herzlichen Dank für die Glückwünsche zu meinem 34. Geburtstage, haben mich sehr gefreut herzlichen Dank dafür. Bin gesund und hoffe, dass es Ihr auch seid. Wir sind jetzt in Ruhestellung, machen wenig Dienst, bauen überhaupt nicht. Kann euch deshalb schreiben, wo wir sind, wir sind in Polen. Hat sich gegen 1939 nichts geändert, Polen bleibt Polen. Hier gibts massenhaft Juden, dieses Verbrechergesindel. Müssen eine weiße Binde tragen mit dem Davidstern darauf. In ihren Geschäften müssen sie ein Plakat mit dem Davidstern hängen haben. Gehe fast nie in die Stadt, kann die Verbrecherfratzen nicht sehen, in dem Stürmer sind dieselben noch golden abgebildet. Zur Feier meines Geburtstages habe

18.5.1941 Sonntag
Gefr. P. Sch.
Bäck.Kp. 54, 1. Geb.Div.
FPN 21 046

»... Wir sind jetzt in Polen. Hat sich gegen 1939 nichts geändert, Polen bleibt Polen. Hier gibt's massenweise Juden, dieses Verbrechergesindel. Müssen eine weiße Binde tragen mit dem Davidstern darauf. In ihren Geschäften müssen sie ein Plakat mit dem Davidstern hängen haben. Gehe fast nie in die Stadt, kann die Verbrechervisagen nicht sehen, in dem STÜRMER sind dieselben noch golden abgebildet ...«

24.5.1941 Samstag
Lt. P. G.
9. Kp./Inf.Rgt. 721, 714. Inf.Div. (Serbien)
FPN 41 768 B

»... Ich liege in Privatquartieren bei einer deutschen Familie in einem Städtchen von 32000 Einwohnern. Die Mehrheit der Leute sind deutsch, 60%! Das übrige sind ...? Da habe ich wieder mal etwas sehr Ordentliches geschnappt. Gestern nachmittag sind wir hier eingetroffen. Ganz großartig sind wir empfangen worden. Mit Musik, gebildet von Volksdeutschen. Viele hundert Volksdeutsche marschierten hinter uns durch die Stadt, ließen die Arbeit liegen, nur froh und glücklich darüber, daß wir gekommen sind, sie und ihr Land zu schützen. Da sieht man also, daß wir hier wieder eine bessere Besatzungstruppe darstellen. Jeder Soldat mit Blumen am Stahlhelm, jedes Pferd, jeder Wagen, jedes Fahrzeug mit Flieder, Pfingstrosen, Rosen und anderem Grünschmuck zog hier durch die Straßen. Jeder Soldat wurde nachher mit einer Flasche Bier ausgerüstet. Das war ein spontaner Empfang. Vor wenigen Wochen noch tobte hier der Krieg. Spuren sind hier nicht zu finden, denn der Feind ist doch nur gelaufen, unsere Panzer hinterher. Spuren jedoch insofern, als die Juden alle getürmt, erschossen und gefangen worden sind. Ganze Paläste, Villen mit vollem Prunk stehen leer. Unsere Landser, Unteroffiziere usw. fühlen sich darin sehr wohl. Sie leben wie die Herren darin. Und wie leben wir? Ich habe die Ehre, in einem Bette zu schlafen, das längere Zeit einem hohen Feldherrn zur Schlafstätte diente: Generalfeldmarschall Liszt. Er hat hier vor einigen Wochen nämlich in dieser Villa, wo ich jetzt einquartiert bin, sein Hauptquartier gehabt ...«

28.5.1941 Mittwoch
Gefr. W. H.
Stab/Bau-Btl. 46
FPN 13 063

»... Während ich noch beim Abendessen saß, wurde auch über die Judenfrage im Generalgouvernement und überhaupt in der Welt gesprochen; für mich ist es sehr interessant, solche Gespräche anzuhören. Zu meinem Erstaunen waren sich schließlich doch alle einig, daß die Juden ganz von der Welt verschwinden müssen.

Ja, die Engländer und die Juden sollten den Bombenangriffen ihrer Landsleute ausgesetzt werden, aber das sind alles nur Wünsche. Die Juden müßten mal alle weg bzw. kaltgestellt werden, dann würde es bald anders aussehen in der Welt. Aber die Engländer kommen gleich nach den Juden ...«

2.6.1941 Pfingstmontag
Gefr. W. H.
Stab/Bau-Btl. 46
FPN 13 063

»... Durch's Judenviertel ging ich heute auch, und schon machte mich ein Unteroffizier der Verkehrsaufsicht darauf aufmerksam, daß der Durchgang eigentlich verboten sei. Nun, ich nahm diesen Weg, um abzukürzen, ging aber schnell durch und werde so schnell nicht mehr durchgehen durch das Ghetto. Es sieht halt sehr nach Juden drin aus, und der Duft ist auch nur als ›mosaisch‹ zu bezeichnen. Ich ging meist mitten auf der Straße, um möglichst wenig mit diesem Gesindel in Berührung zu kommen ...«

6.6.1941 Freitag
Mj. H. Sch.
Stab/Pi.Btl. 652
FPN 33 691

»... Polen! So schön die einzelnen Gehöfte in den Birkengruppen liegen, so denke ich bereits mit Schaudern an das Innere dieser Buden. Trotz aller Vorbereitungen meiner Männer auf polnische Verhältnisse in Frankreich sehe ich, wie die Gesichter, besonders meiner Westfalen, länger und länger werden. Das Pfund Brot RM 5.– –, 9.– –, 11.– –; das Pfund Butter RM 9.– – und 13.– –. Interessant ist dabei, daß die deutsche Zivilverwaltung bei der Verteuerung der Preise heute den Juden die Schuld gibt, die trotz schärfster Zusammenfassung in den einzelnen Ortschaften entweder mit den Lebensmitteln noch Geschäfte machen oder aber ihr Geld noch schnell verfressen wollen ...«

14.6.1941
2. SanKp. 25, 25. Inf.Div. (mot.)
FPN 31 134

»Die letzten Tage waren sehr interessant. Wir haben viel gesehen. Die polnische Bevölkerung ist unvorstellbar verwahrlost. Die meisten laufen barfuß herum und haben undefinierbare Lumpen um sich hängen. Nur an einem Ort haben wir einige normal gekleidete Leute gesehen. Es handelte sich anscheinend um eine teilweise deutsche Bevölkerung. Die Juden, die eine Armbinde tragen und zahlreich herumlaufen, sind der Höhepunkt von Dreck. An den Gesichtern sind sie auch ohne Armbinde unfehlbar zu erkennen ...«

16.6.1941 Montag
Gefr. H. B.
3. Kp./Pz.Jäg.Abt. 291, 291. Inf.Div.
FPN 26 391
»... Ich kann es mir nicht vorstellen, daß wir in einen Krieg mit Rußland verwickelt werden sollen. Natürlich besteht die Möglichkeit, daß, da in Rußland noch viele Juden sind, dort mit den Engländern gemeinsame Sache gemacht wird, und daß uns die Engländer eventuell von dort angreifen, und dann müssen wir natürlich auf der Hut sein ...«

18.6.1941 Mittwoch
Lt. P. G.
9. Kp./Inf.Rgt. 271, 714. Inf.Div. (Banat)
FPN 41 768 B

»... Manchmal können die Juden ja einem leid tun. Hier laufen sie noch in rauhen Mengen umher. Eigenartig ist es aber, daß ich bisher noch keinen Rassejuden angetroffen habe. Äußerlich kann man sie von den Ariern gar nicht unterscheiden. Auf den Dörfern wird dieses Pack zu Schipparbeiten usw. herangezogen. Morgens muß die Bagage antreten und einstimmig im Chor den Morgenspruch aufsagen: »Wir haben keine Ahnung von Deutschlands Macht und Stärke!« Ganz ordentlich, nicht wahr? Wir werden die Bande schon zur Zucht erziehen. Was die Bevölkerung vor uns für einen Respekt hat, ist unheimlich. Im übrigen sind wir bei allen sehr angesehen und beliebt, ob Deutsche, Ungarn, Serben oder Rumänen ...

Weißt Du, was ich gestern gehört habe? Laut Befehl des Führers ist jeder Urlaub weiterhin bis September gesperrt! Für die gesamte Wehrmacht! Es sollte das ein Zeichen sein, daß wir bis zu diesem Termin den Tommy unter unseren Fittichen haben ...«

22.6.1941 Sonntag
Fw. H.M.
9. Kp./Inf.Rgt. 266, 79. Inf.Div.
FPN 28 193 B

»... Na, was sagt Ihr denn zu unserem neuen Gegner? Vielleicht kann sich Pa noch erinnern, wie ich in meinem letzten Urlaub von der russischen Armee gesprochen habe und schon damals äußerte, daß mit den Bolschewisten auf die Dauer keine freundschaftlichen Beziehungen aufrecht zu erhalten sind. Dazu sind dort noch viel zu viele Juden.

Neues gibt es hier noch nicht. Wir sitzen ständig an den Lautsprechern und hören die Frontberichte ...«

23.6.1941 Montag
Uffz. A. N.
Fl.H.Kdtr.(E) 20/VI (Lyon)
FPN L 23 281

»... Und jetzt ist es im Osten losgegangen, und es ist bestimmt gut, daß es so ist. Denn über kurz oder lang wäre die Auseinandersetzung doch einmal gekommen; da ist das jetzt ein Aufmarsch. Jetzt hat die Judenheit uns auf der ganzen Linie, von einem Extrem zum anderen, von den Londoner und New Yorker Plutokraten bis zu den Bolschewiken, den Krieg erklärt. Alles steht in einer Front gegen uns, was judenhörig ist ...«

24.6.1941 Dienstag
Uffz.(O.A.) G. E.
14. Kp./Inf.Rgt. 353, 205. Inf.Div.
FPN 17 356

»... Emil schrieb von den verhungerten Kindern des Warschauer Ghettos, daß er es kurz gesehen hat. Im letzten Krieg brachte das Ausland Bilder von abgehackten Kinderhänden. Und nun dies! Die Wahrheit ist schlimmer, grausamer, viehischer als alle Phantasie ...«

27.6.1941 Freitag
Uffz. E. J.
4. Kp./Bau-Btl. 44
FPN 00 700

»... Je weiter wir reinkommen, je mehr merkt man die kommunistischen Verhältnisse. Trostlos, wie die Menschen hier hausen. Da ist es bei uns Gold dagegen. Wir machen gerade eine kleine Rast am Ortseingang, eben marschiert eine Kolonne ›Juden‹ vorüber unter deutscher Aufsicht zum Straßenreinigungsdienst. Hier hat es mehr Juden wie andere ...«

30.6.1941 Montag
Uffz. H. Z.
Stab/Heeres-San. Abt. 601
FPN 07 794

»... Unter Warschau habe ich mir früher was ganz anderes vorgestellt. Es ist eine Stadt mit einem für östliche Begriffe schönen Regierungsviertel, alte, mächtige Bauten mit dicken Säulen, aber alles übrige dreckig, grau und verkommen. Wir durchfahren mit Stacheldraht abgegrenzte Seuchen- und Judenviertel, deren Zustand und Bewohner man nicht beschreiben kann. Alle Juden sind zwar gekennzeichnet durch eine Armbinde mit einem Sionstern, aber man würde sie auch so erkennen, wie auf dem Griechenmarkt in Köln, nur viel zahlreicher, ganze Massen. Viele Hunderte stehen Schlange an Lebensmittel- und Tabakgeschäften und Schnapsbuden. Unser Vorkommando erzählt uns von den märchenhaften Preisen. Ein Glas Bier RM 2,50, eine Portion Eis DM 3.–, 1 Pfund Erdbeeren DM 8,50, 1 Brot RM 5.– usw. Wir sahen im Vorbeifahren einen Mann ohne sichtbaren Grund umfallen, es war wohl der Hunger, der ihn umwarf, denn täglich verhungert eine Anzahl dieses Gesindels. Wenige sind noch mit Vorkriegskleidern gut gekleidet, die meisten in Säcken und Lumpen gehüllt, ein furchtbares Bild von Hunger und Elend. Kinder und Frauen laufen uns nach und schreien ›Brot, Brot‹ ...«

3.7.1941 Donnerstag
Gefr. F. B.
1. San.Kp. 125, 125. Inf.Div.
FPN 19 685

»... Adolf und ich marschieren gegen unseren großen Feind Rußland. Somit geht einer meiner Wünsche in Erfüllung, nach diesem gotteslästerlichen Land wollte ich schon immer gerne ziehen. Diesmal wird bestimmt Schluß gemacht mit einer gottfeindlichen Macht. Unglaublich große Heeresmassen ziehen vor. Niemals hätte ich eine solche Aufrüstung in so kurzer Zeit für möglich gehalten, und dennoch ist es so. Adolf und ich marschieren nun auch mit, oder wir fahren ab und zu mit dem Rad, indem wir uns durch die vorfahrenden Kolonnen hindurchschlängeln. Da wird man Zeuge jüdischer, bolschewistischer Grausamkeit, wie ich sie aber auch kaum für möglich gehalten hatte. Gestern zogen wir durch eine größere Stadt Lemberg an einem Gefängnis vorbei. Es stank schon von weitem unheimlich nach Leichen. Als wir näher herankamen, war es kaum zum Aushalten. Drinnen lagen 8000 tote gefangene Zivilisten – erschlagen, ermordet, keineswegs erschossen, ein Blutbad, das die Bolschewisten kurz vor ihrem Abzug anrichteten. In einer anderen Stadt ganz ähnliche Fälle, vielleicht noch grausamer. Gefährlich ist das Heckenschützentum, dem gestern auch ein SS-Regiments-Kommandeur zum Opfer fiel. Der Mörder soll ein Jude gewesen sein. Du kannst Dir denken, daß so etwas nach Rache schreit, die aber auch durchgeführt wird. Manche Soldaten, die wir behandelten, hatten schon Verwundungen, die von Heckenschützen herrührten. So können sich die Russen nicht mehr helfen. Rechts und links der Vormarschstraße liegen tote Russen, zerschossene und ausgebrannte Tanks, drinnen liegen noch die Fahrer, ganz verkohlt. Riesentanks sind das, man macht sich keine Vorstellung; und dennoch vernichtet ...«

4.7.1941 Freitag
Gefr. W. H.
Stab/Bau-Btl. 46
FPN 13 063

»... Wie wir so gemütlich die Straße nach dem Kino entlangtrotteten und uns dabei die Behausungen der in dieser Straße ziemlich zahlreich angesiedelten Juden anschauten, soweit das von außen möglich ist, da bekamen wir wieder einen richtigen Begriff von dem Wert und der Größe des ›Auserwählten Volkes‹! Man kann diese baufälligen Buden nur als ›stinkende Räuberhöhlen‹ bezeichnen und muß sich dabei noch wundern, daß nicht noch mehr Seuchen in solchen Vierteln zuhause sind. Hier unter diesem Gesindel brauchte ein Maler nicht lange nach Modellen für bösartige Märchengestalten (Hexen, Zauberer usw.) suchen! Helmut frug sich auch, wie es möglich sei, daß diese Rasse das Recht beanspruchen wollte, über alle Völker der Welt zu herrschen ...«

Tarnopol, 6. 7. 1941

Liebste Eltern!
Soeben komme ich von der Aufbahrung unserer von den Russen gefangenen Kameraden der Luft- und Gebirgstruppen. Ich finde keine Worte um so etwas zu schildern. Die Kameraden sind gefesselt, Ohren, Zungen, Nase und Geschlechtsteile sind abgeschnitten, so haben wir sie im Keller des Gerichtsgebäudes von Tarnopol gefunden und außerdem haben wir 2.000 Ukrainer und Volksdeutsche auch so zugerichtet gefunden. Das ist Rußland und das Judentum das Paradies der Arbeiter. Wenn es heute noch einen Kommunisten in Wien gibt, der gehört sofort erschlagen aber nicht erschossen. Die Rache folgte sofort auf dem Fuße. Gestern waren wir mit der SS gnädig, denn jeder Jude, den wir erwischten, wurde sofort erschossen. Heute ist es anders, denn es wurden wieder 60 Kameraden verstümmelt gefunden. Jetzt müssen die Juden die Toten aus dem Keller herauftragen, schön hinlegen und dann werden ihnen die Schandtaten gezeigt. Hierauf werden sie nach Besichtigung der Opfer erschlagen mit Knüppeln und Spaten. Bis jetzt haben wir zirka 1.000 Juden ins Jenseits befördert aber das ist viel zu wenig für das, was die gemacht haben. Die Ukrainer haben gesagt, daß die Juden alle die führenden Stellen hatten und ein richtiges Volksfest mit den Sowjets hatten bei der Hinrichtung der Deutschen und Ukrainer. Ich bitte Euch liebe Eltern macht das bekannt auch der Vater in der Ortsgruppe. Sollten Zweifel bestehen, wir bringen Fotos mit. Da gibt es kein Zweifeln.

Viele Grüße

Euer Sohn

Franzl.

11.7.1941 Freitag
Mj. H. Sch.
Stab/Pi.Btl. 652 (Luzk)
FPN 33 691

»... In der alten Zitadelle (von Luzk) werden an diesem Tage (2.7.41) 1000 Juden erschossen. Es ist dies eine Vergeltungsmaßnahme für die zur Bolschewistenzeit erschossenen 2800 Ukrainer. Dafür lassen jetzt 5600 Russen ihr Leben. Zwei Offiziere, die ich auf die Suche nach Draht und Eisenzeug geschickt hatte, berichten, daß die Juden gestorben wären, ohne irgend einen Laut von sich zu geben. Nach dieser menschlich wohl bedauernswerten aber als abschreckendes Beispiel für das überhand nehmende Freischärlertum unbedingt notwendigen Maßregel erleben wir es, wie am nächsten Tag ein großer Teil der Plünderer ihr gestohlenes Gut einfach auf die Straße setzten ...«

15.7.1941 Dienstag
Hptm. H. G.
Stab I/Sich.Rgt. 2 (Kosow)
FPN 29 946

»... Die Instandsetzung der Quartiere geht rasch vor sich, da hierzu wie auch zu Wageninstandsetzungen genügend Juden zur Verfügung stehen. Die Juden sind fast überall bis zu 95% vorherrschend. Die Polen wurden früher aus-, dafür Juden einquartiert, wenn man so sagen will.

Ein übles Geschmiß, dreckig und frech wie Katzendreck. Am Sonntag mußten wir beinahe von der Schußwaffe Gebrauch machen. Nun ziehen sie schon ...«

17.7.1941 Donnerstag
Lt. P. G.
9. Kp./Inf.Rgt. 721, 714. Inf.Div.
FPN 41 768 B

»... Gestern nachmittag bin ich wieder in Szegedin gewesen. Wir hatten einen anormal heißen Tag. Und wenn man Gelegenheit hat, dann sollte man so einen heißen Nachmittag doch im Schwimmbad verbringen. Das habe ich nun auch gemacht. Weißt Du, in Ungarn ist alles schön und gut, nur ist uns Deutschen das freie Umherlaufen der vielen Juden unerträglich. Dort, wo wir Krieg geführt, da ist dieses Pack zum größten Teil geflüchtet, der Rest lebt unter unserer Aufsicht. Das Knoblauchvolk muß mit der Schippe in der Hand arbeiten, darf nur auf der Fahrstraße sich bewegen. Und in Ungarn, da ist es genau umgekehrt. Da ist dieses Volk gewissermaßen immer noch Träger der Nation. Sie sind tonangebend, weil sie eben das ganze Geld besitzen. Zwar hat man zwei den Nürnberger ähnlichen Gesetze geschaffen, aber all das nützt noch nichts. Es kam mir gestern direkt fremd vor, als ich im Schwimmbad diese vielen Judenbolzen entdeckte. Aber auch Ungarn wird noch mal davon befreit. Wie man im Volke hört, soll Horthy eine jüdische Schwiegertochter besitzen ...«

17.7.1941 Donnerstag
Hptm. H. G.
Stab I/Sich.Rgt. 2 (Kosow)
FPN 29 946

»… Bei uns gibt es nichts Neues. Auch der Heeresbericht bringt nichts, aus dem man auf den Gang des Feldzugs schließen könnte …

Der ganze Ort wimmelt von Juden. Alle werden zur Arbeit herangezogen. Die einen müssen Straßen fegen, die anderen ausbessern. Die Mädels müssen waschen und flicken, die Jungens Stiefel putzen. Seit vorgestern tragen sie nun alle den gelben Fleck. Das durchzudrücken bedurfte es allerdings eines Exempels, denn der Judenälteste hat erklärt, das eile nicht so. Als auf erneute Aufforderung seine Stellungnahme nicht anders wurde, mußten wir ihn erschießen. Seitdem ziehen die Kerls. Die ¾ abgebrannte Stadt ist jetzt so sauber, wie vordem sicher nie. Auf den Ruinen werden schon wieder neue Häuser erstellt. In den Ruinen leben sie z.T., sie kochen auf den stehengebliebenen, gemauerten Herden und setzen sich die Fenster mit Backsteinen zu, so daß man nicht hineinsehen kann.

Die übrige Bevölkerung, Polen und Weißrussen, ist ordentlich. Bei ihnen muß man nur die aktiven Kommunisten heraussuchen und unschädlich machen …«

18.7.1941 Freitag
O'Gefr. G. B.
13. Kp./Inf.Rgt. 42, 46. Inf.Div.

»… Hier wird auch die Judenfrage etwas anders als bei uns gelöst. Da treiben die Rumänen alle Juden zusammen und erschießen sie, ganz gleich, ob Mann, Frau oder Kinder, denn zuerst war es umgekehrt …«

23.7.1941 Mittwoch
Gefr. M. F.
7. Kp./Inf.Rgt. 481, 256. Inf.Div.
FPN 38 088 D

»... Nun liegen wir in der Nähe von Dünaburg, das Dorf heißt Sabino. [...] Die Waschgelegenheit ist hier in Rußland sehr schlecht, im Dorfe nur ein einziger Brunnen, und der genügt nur für die Feldküche. Einen manchen Tümpel mußten wir zum Waschen benutzen. Das Wasser roch schon nach Sch..., macht aber nichts, die Hauptsache war, daß wir den Staub und Schweiß vom Körper wieder abwaschen konnten. Jetzt können wir mal so richtig das Land kennenlernen, was mancher für sein gelobtes Land hielt. Hier möchte ich nicht begraben sein. Riesige Flächen und keine oder wenige Straßen, die sehr schlecht sind, findet man mehr. Stundenlang mußten wir laufen, bis wir wieder zu einer Ansiedlung gekommen sind. Daß man da aber etwas zu essen bekam, war gar nicht daran zu denken. Nur etwas Milch, und da mußte man tüchtig betteln. Die Leute leben hier so einfach, daß wir uns das gar nicht vorstellen können. Vom Staat bekamen sie ein großes Stück Land und etwas Vieh, und davon mußten sie leben. Wenn die Ernte eingebracht war, dann kam ein Bürgermeister und holte die Ernte für den Staat. Geld bekamen diese Leute nie in die Hand. Das war die Kollektivwirtschaft, von der sich der Russe so viel versprach. Das wird in Zukunft anders werden, hier können noch Tausende von Bauern angesiedelt werden. Vor allen Dingen muß der Jude ausgemerzt werden. Hoffentlich dauert es nicht mehr lange, daß der Krieg bald sein Ende findet, damit wir wieder in die Heimat zurückkehren können ...

Dieser Krieg erfordert eiserne Nerven und Ruhe. Daß es oft mit der Verpflegung bei uns hapert, ist nur auf die schlechte Bahn- und Straßenverbindung zurückzuführen. Oft sind wir sehr knapp dran mit unserer Verpflegung, und trotzdem heißt es aushalten. Wir müssen z.Zt. mit einem halben Laib Brot den ganzen Tag auskommen und dürfen auch nicht den Kopf hängen lassen. Wie oft habe ich mich schon nach einem richtigen Essen gesehnt, aber leider ...«

26.7.1941 Samstag
Ing. H. J.
Dt. Heeresmission Rumänien
FPN 10 900

»... Na, es kommt alles wieder und wahrscheinlich viel schöner und besser, als wir es je gehabt haben. Laß man erst die Engländer und die Judenschweine, diese Pest der Welt, am Boden liegen. Bei uns im Reich konnte man ja kaum noch einen Juden treffen, aber (hier) gibt es sie in Hülle und Fülle. Es sind Galgengesichter dazwischen, daß man sich vorstellen kann, welcher Schweinereien dieses ›*Gesocks*‹ fähig ist.

In Jassy haben die Juden auf die damals durchziehenden deutschen und rumänischen Truppen aus Fenstern und von den Dächern geschossen. Na, die Kameraden haben nicht viel Federlesens mit ihnen gemacht. Ich habe Bilder davon gesehen, ich kann Dir also erzählen, wie es ausgesehen hat. Hier bei uns haben sie die Juden in Lagern untergebracht, aber in Bukarest laufen sie noch frei herum. Ab und zu, wenn wir etwas verladen müssen, holen wir uns Juden, und dann bringen wir ihnen das Arbeiten bei. Ich kann Dir sagen, sie arbeiten wie doll, solange wir dabeistehen, denn vor uns Deutschen haben sie mächtig Angst. Aber sowie wir uns umgedreht haben und Rumänen die Aufsicht führen, geht es im alten Stil weiter, denn die Rumänen müssen es auch noch lernen, wie man mit diesen Geißeln der Menschheit umgehen muß. Ja, ich erlebe allerhand und viel Neues ...«

29.7.1941 Dienstag
Lt. P. G.
9. Kp./Inf.Rgt. 721, 714. Inf.Div.
FPN 41 768

»... Von der großen Parole ›Viktoria‹ habe ich schon vieles im Radio gehört. Sehr wahrscheinlich wird das wieder mal eine Mordsidee von Josephchen Goebbels gewesen sein. Trotz aller Schandtaten, die dieser Mann getan haben soll, schätze ich ihn doch seiner Tüchtigkeit wegen. [...]

Ganz im Zeichen des großen ›V‹ steht auch unser ›heimischer‹ Sender der Propaganda-Kompanie Belgrad. Tagsüber und abends gibt's eine wundervolle Musik. Ja, zu Beginn jeder Nachrichten gibt der Belgrader Sender als besonderes ›V‹-Sendezeichen eine Tonfolge aus Beethovens 5. Symphonie. Es hört sich sehr schön, wuchtig an. Bekommt Ihr mit Eurem Apparat auch Belgrad, abends geben sie auch um 20 und um 22 Uhr deutsche Nachrichten? Vielleicht hast Du mal Gelegenheit zu hören? Erschrick aber nicht, wenn man zufällig die Ziffern der erschossenen Kommunisten oder Juden bekanntgibt, die täglich im Anschluß an die Nachrichten genannt werden. Heute gab es Rekord! Heute morgen wurden in Belgrad 122 Kommunisten und Juden von uns erschossen. Auch meinen Ort, Gr. K. kannst Du zufällig mal hören. Er wird oft genannt. Gestern versuchten doch die Kommunisten dort, die Stadt in verschiedenen (7) Stadtteilen anzuzünden. Gestern wurden über 30 Personen erschossen. Auch hat sich die Bande vor einigen Tagen erlaubt, eine Unterkunft von Soldaten unseres Regiments, die nachts schliefen, mit Handgranaten auszuräuchern!!! Wieviele dabei umgekommen sind, weiß ich nicht ...

Wußtest Du schon, daß mein Wehrsold (überhaupt der Wehrsold in der gesamten Wehrmacht!) sich um 25% erhöht hat mit dem 1.7.1941? Ein Zeichen, daß wir noch lange im grauen Rock stecken werden ...«

6.8.1941 Mittwoch
Sold. J. Z.
3. Kp./Ldsschtz.Btl. 619
FPN 20 355 D

»... Am Sonntag haben wir uns mal die Stadt angesehen. So Verhältnisse wie hier findest Du in keiner Stadt in Deutschland. Wie das Judenviertel aussieht, kann ich Dir nicht beschreiben, denn Du würdest es doch nicht glauben. Bilder von Juden, wie sie schon im STÜRMER waren, kann man hier haufenweise in natura sehen. In Lumpen gehüllt, welche meist noch zerrissen sind, laufen sie hier dutzendweise herum. Wir in der Maingegend konnten uns keinen richtigen Begriff von dem Judentum machen. Aber hier im Osten braucht man die Kerle nur anzusehen, und man weiß, was für Kerle man vor sich hat, ohne noch mit ihnen gesprochen zu haben. Was ein Deutscher ist, spricht überhaupt nicht mit dem Gesindel ...«

17.8.1941 Sonntag
Sold. E. L.
Stab/Geb.Pz.Jäg.Abt. 44, 1. Geb.Div.
FPN 24 768

»... Die vielen hundert Kilometer, die wir nun zurückgelegt haben, zeigten uns die Härte und Grausamkeit dieses Kampfes. Es ist mir nicht möglich, dies alles im einzelnen zu schildern, aber hier geht es wirklich um Sein oder Nichtsein. Je tiefer wir nach Rußland vorfuhren, um so mehr trafen wir auf Juden. Die Kerle sind noch genau so frech wie im tiefsten Frieden. Man sollte eigentlich noch viel mehr dieser Ausgeburten an die Wand stellen, als bisher geschehen ist. Die Lebensmittelverhältnisse, auch hier in der Ukraine, sind derart primitiv, daß sich ein normaler Europäer gar keine Vorstellung machen kann.

Unsere Gebirgsdivision hat sich bisher großartig geschlagen, der Führer selbst hat sie besonders ausgezeichnet, nachdem sie überall dort, wo andere Einheiten nicht mehr vorwärts kamen, den Widerstand, wenn auch unter erheblichen Verlusten, brach. Unsere Gebirgspanzerjägerabteilung liegt für einige Tage in Ruhe, sie hat als Vorausabteilung an den bisherigen Erfolgen größten Anteil. Der ganze Verein besteht aus lauter Kriegern, die fast alle Feldzüge bereits mitgemacht haben. Wir ›Jungen‹ vom Ersatz kommen uns denen gegenüber natürlich ganz klein und kläglich vor. Gestern nacht wurden wir noch auf verschiedene Kompanien verteilt, bei denen die Ausfälle an Mannschaften nicht gerade gering sind ...

Die Hauptkämpfe sind ja nun so gut wie vorüber, wir werden hier im Osten sicher nur noch auf abgesprengte oder eingekesselte Teile der geschlagenen Sowjetarmee eingesetzt ...«

21.8.1941 Donnerstag
Mj. C. H. B.
Warschau

»... Warschau hat mich als Stadt enttäuscht. Die Teuerung und dadurch eine besonders ins Auge fallende Armut bestimmen neben den Zerstörungen von 1939 maßgeblich das Stadtbild. Durch die Teuerung wird auch der wilde Handel sehr gefördert. Auf freien Plätzen sieht man die Verkäufer mit allen möglichen Sachen stehen: Lebensmittel jeder Art, Kleider, Wäsche, dazu Krimskrams jeglicher Art. Im Ghetto sind die Zustände kaum zu beschreiben. Das kann man nur gesehen haben, um es auch wirklich glauben zu können. Auf der Straße herrscht ein Verkehr wie zur Leipziger Messe. Hier handelt der Jude untereinander mit lautem Geschrei auch alles auf der Straße. An dem Morgen, als ich mit dem Wagen durchfuhr, sah ich mehrere Leichen, darunter Kinderleichen, etwas mit Papier zugedeckt und dieses mit Steinen beschwert. Die anderen Juden gehen achtlos daran vorüber, bis der primitive Leichenkarren kommt und diejenigen ›Überreste‹, mit denen kein Geschäft mehr zu machen ist, abholt. Das Ghetto ist mit Mauern, Zäunen usw. abgeschlossen. An den vielen Schlagbäumen stehen SS-, polnische und jüdische Schutzleute und führen eine strenge Kontrolle aus. Schmutz, Gestank und Lärm sind die Hauptzeichen des Ghettos ...«

August 1941
Gefr. H. S.
Angehöriger einer Nachr.Kp.

»... Ein Kapitel für sich ist die Tatsache, wie die Judenfrage augenblicklich mit einer imponierenden Gründlichkeit gelöst wird. Wie sagte doch der Führer in einer seiner Reden kurz vor Ausbruch des Krieges: ›Wenn es dem Judentum noch einmal gelingen sollte, die Völker Europas in einen sinnlosen Krieg zu hetzen, so wird dies das Ende dieser Rasse in Europa bedeuten!‹ Der Jude mußte wissen, daß der Führer mit seinen Worten Ernst zu machen pflegt und hat nun die entsprechenden Konsequenzen zu tragen. Sie sind unerbittlich hart, aber notwendig, wenn endlich Ruhe und Frieden unter den Völkern einkehren sollen ...«

1.9.1941 Montag
Sold. K. H. G.
3. Kp./Feld-Ers.Btl. XIII/5, 13. Pz.Div.
FPN 39 274 D

»... Schön ist es gerade nicht hier, hier wimmelt es von Juden, da könntet Ihr Muster sehen, das kann ich Euch so gar nicht beschreiben. So etwas gibt es Gott sei Dank bei uns nicht mehr. Jetzt sieht man erst, wie schön unser Vaterland ist. Viele wollen es bloß nicht einsehen ...«

jetzt nicht mehr Eingesetzt
ob wir noch mal dazu
kommen werden ich glaube
es nicht aber es ist auch
so noch überall gefährlich
durch die vielen Minen
ver gelegt sind. In Kiew
zum beispiel ist eine
Explusion nach der
andern durch Minen
die Stadt brennt schon
8 Tage. alles machen
die Juden darauf. eine
die von 14 bis 60 Jahre
alten Juden erschoßen
werden sind werden
auch noch Frauen von
der Juden erschoßen
werden sonst wird
nicht schluß damit. ///

25.9.1941 Donnerstag
O'Gefr. R. T. v. F.
2. Kp./Pi.Btl. 70
FPN 28 774

»... In einem Gefangenenzug konnte man neulich auch eine Anzahl Flintenweiber sehen, dann an einem Galgen sieben Juden hängen, die zu 14 für Sabotagezwecke hinten mit Fallschirmen absprangen ...«

28.9.1941 Sonntag
Gefr. L. B.
10. le.Inf.Kol./Inf.Div.Kol. 296, 269. Inf.Div.
FPN 04 650

»... Wir sind jetzt nicht mehr eingesetzt. Ich glaube nicht, daß wir nochmal dazu kommen werden. Aber es ist auch so noch überall gefährlich durch die vielen Minen, die noch gelegt sind. In Kiew zum Beispiel ist eine Explosion nach der anderen durch Minen. Die Stadt brennt schon acht Tage, alles machen die Juden. Darauf sind die von 14 bis 60 Jahre alten Juden erschossen worden, und es werden auch noch die Frauen der Juden erschossen, sonst wird's nicht Schluß damit ...«

4.10.1941 Samstag
Sold. J. Z.
3. Kp./Ldsschtz.Btl. 619
FPN 20 355 D

»... Hätten wir unsere Augen nicht überall, dann wollten wir mal sehen, was die verdammten Juden den verfluchten Bolschewiken alles zustopfen würden, denn das Judenvolk und das Judenviertel hier muß man gesehen haben. Läden wie bei uns haben die Juden nur ganz selten. In einer Straße haben sie ihre Holzbuden nebeneinander stehen, und da verkaufen sie ihren Kitsch. Wenn man morgens durch die Straße geht, könnte man meinen, es sei Jahrmarkt. Ich wünschte nur, Du könntest die Judengesichter hier mal sehen. Einige laufen hier herum, daß man meinen könnte, man hätte Moses und Elias vom alten Testament vor sich ...«

5.10.1941 Sonntag
Gefr. H. J.
Rgts.Stab/Flak-Rgt. 151
FPN 23 140

»... Daß man die Juden auch dort zur Arbeit anhält, halte ich für sehr richtig. In Riga mußten die jüdischen ›Damen‹, gekennzeichnet auf Brust und Rücken mit ihrem Stern, Straße fegen! Und dabei doch noch diese frechen Visagen! ...«

8.10.1941
Uffz. E. T.
3. Kp./Eisb.Bau-Btl. 513
FPN 26 029

»... Hoffentlich bringt uns der im Gang befindliche Hauptschlag das erwünschte Ende im Osten. Gestern hatten wir hier den ersten Schnee. Gottseidank war das nur ein vorwitziger Bote des Winters. Heute ist es wieder wärmer, und der Wind hat fast alles abgetrocknet. – Wir bauen hier die Gleise nicht mehr auf deutsche Spurweite um, sondern setzen sie für russische Züge instand. Im Gegensatz zur Ukraine, wo die Bahnen von uns möglichst verschont blieben von Bombenwürfen, ist es hier weiter im Innern – wir liegen südöstlich Kiew – anders. Unsere Flieger haben prima Maßarbeit geleistet. Wir haben hier eine 30 km lange Strecke zu bearbeiten, auf der unter anderem auch ca. 300 zertrümmerte Waggons liegen. Diese beiseite zu schaffen und die Gleise herzustellen, ist unsere Aufgabe. Zwischendurch haben wir einige Streifen in unbesetzte Nachbardörfer gemacht. In den Wäldern treiben sich noch Russen herum, die von der Zivilbevölkerung Nahrungsmittel erpressen. Einige dieser Banditen konnten wir fassen. Einen Juden, der noch eine Pistole bei sich trug, haben wir an Ort und Stelle umgelegt. So ist der Dienst zur Zeit sehr abwechselnd wie das Wetter ...«

14.10.1941
Dr. A. K.
Gen.Kdo. XVIII. Geb.A.K.
FPN 39 794

»... Unsere Arbeit ist vielseitig wie noch nie. Da unser Kommandierender General nun der verantwortliche Mann für Serbien ist, treten an die Quartiermeisterabteilung Aufgaben heran, für die sie eigentlich gar nicht da ist, vor allem Wirtschaftsfragen, die das ganze Land betreffen, deren Lösung infolge der Unruhen auch sehr schwierig ist, soweit sie überhaupt möglich ist. Natürlich gibt es dafür eigene Fachleute, aber bei uns läuft doch viel davon zusammen, weil sich der General naturgemäß durch seinen eigenen Stab informieren läßt. Die Arbeit geht dabei nicht aus, und das ist gut so, denn Belgrad ist eine wenig ansprechende Stadt mit ihrem halbfertigen Bauzustand und der schon äußerlich uneinheitlichen Bevölkerung balkanischer Prägung. Es ist eigenartig, daß die Juden, die durch den ›Pour le sémite‹ (auf der Brust und auf dem Rücken) gekennzeichnet sind, ganz andere Typen sind als bei uns; sie sehen im allgemeinen gar nicht jüdisch aus, sondern so, wie die übrigen Menschen auch ...«

26.10.1941 Sonntag
Feldjust.Insp. F. A.
Feld-Kdtr. 199 V
FPN 44 345

»... Wir sitzen hier mitten in Rußland. Wie Du aus Zeitungsberichten, Wochenschauen etc. weißt, ist hier fast alles abgebrannt. Die Wege sind grundlos. Wenn wir als rückwärtiges Heeresgebiet die Gegend von Partisanen, Juden und anderem Gesindel gereinigt haben ziehen wir weiter, und uns folgt die zivile Verwaltung, um den Neuaufbau vorzunehmen ...«

2.11.1941 Sonntag
Sold. X. M.
8. Kp./Inf.Rgt. 747, 707. Inf.Div.
FPN 11 800 E

»... Es sind wohl zwei Gebäude hier, die einmal Kirchen gewesen sind. In eine wurde schon im Jahre 1925 ein Elektrizitätswerk gebaut, wie mir so ein Russe erzählte, als ich es einmal von innen besichtigte. Und die andere dürfte noch bis zu diesem Krieg eine jüdische Synagoge gewesen sein. Von diesem massiven Bau, der im Jahre 1664 erstellt wurde und ziemliche Ausmaße aufweist, stehen nur noch die Mauern. Zu seinem bisherigen Zweck wird er nie mehr Verwendung finden. Ich glaube, daß Juden hierzulande auch bald kein Bethaus mehr brauchen werden. Warum, habe ich Dir doch bereits geschildert. Für diese gräuliche Kreaturen ist's doch die einzig richtige Erlösung ...«

14.11.1941 Freitag
Justiz-Insp. J. S.
Deutsches Obergericht Radom

»... Was hatte ich vorgestern zur zu springen und zu telefonieren, bis ich die Kohlen hatte, wohlgemerkt meine zehn Tonnen für Oktober. Meine Gefangenen zum Abladen bekam ich nicht, weil im Gefängnis Typhus ist. Dann mußte ich den Ältestenrat der Juden anrufen, damit mir sechs Juden gestellt werden, dann mußte ich rasch Genehmigung einholen, daß die Juden das Ghetto verlassen dürfen, denn auf dem unberechtigten Verlassen steht seit neuestem Todesstrafe. Interessante Dinge in aller Kürze ...«

13.1.1942 Dienstag
Ing. H. J.
Dt. Heeresmission Rumänien

»... Wir sind losgefahren, um uns die Stadt Kischinew bei Tageslicht anzusehen. Jetzt konnten wir erst das ganze Ausmaß der Zerstörung erkennen. Ruine neben Ruine, Schutthaufen neben Schutthaufen, Elend über Elend. Eine einstmals blühende Stadt, ein Zentrum der Kultur und Wirtschaft war eine einzige Ruine. Die Juden und Bolschewisten, hauptsächlich die Juden, hatten alles zerstört und zwar mit einer Sinnlosigkeit, von der man sich kein Bild macht ...«

6.2.1942 Freitag
Gefr. J. W.
Marschbataillon (z. Zt. Auschwitz)

»... Stehen seit 30.1. am Bahnhof und kommen nicht weiter. Es ist gut, daß wir doch heizen können, da es doch hübsch kalt ist. Es kann längere Zeit dauern, bis wir von hier wegkommen, da zuviel Züge die Strecke fahren, meistens Truppen. Es ist hier ein großes Lager mit Gefangenen, meist Juden, das sind saubere Gesellen zum Fürchten. Diese Halunken müssen alle arbeiten ...«

13.2.1942 Freitag
Lt. K.
1. Kp./Korps-Nachr.Abt. 44
FPN 00 691

»... Es ist einfach unmöglich zu schildern, was wir erlebt haben. Das satanischste und verbrecherischste System aller Zeiten ist das Judensystem im ›Sowjetparadies‹ – es ist ein Paradies für Juden. Wir haben die Rassenmorde in Lemberg, Zloĉow erlebt, ich genauestens in Tarnopol und einigen anderen Orten – unbeschreiblich. Da ich fließend russisch spreche, habe ich (obwohl ich auf meinen Wunsch nicht als Dolmetscher offiziell eingesetzt bin) genaueste Feststellungen getroffen: Führer aller dieser Verbrecher waren Juden, in Tarnopol besonders jüdische Ärzte, Chirurgen, die bei den Rassemorden regelrecht seziert haben. *Die* Volkswut werde ich nie vergessen. Dort haben wir noch die meisten erwischt – wir kamen zu schnell! – Trotzdem wir diesen Anschauungsunterricht haben, sind wir, meine Männer und ich, für den STÜRMER dankbar. Denn wir interessieren uns doch, wie es außerhalb Deutschlands langsam in der Judenfrage dämmert ...«

24.2.1942 Dienstag
Lt. K. N.
2. Bttr./Heeres-Küsten-Art.Abt. 149

»... Du meinst, der Krieg könnte nach dem schnellen Fall Singapurs doch überraschend zu Ende gehen. Diesmal handelt es sich aber nicht um einen ›Kavalierskrieg‹ alten Stils, wo es um Landstücke ging, während man sich im übrigen ziemlich einig war und sich eigentlich sehr wenig vorzuwerfen hatte. Es geht für uns um die Gewinnung Europas, für die anderen ein großer Verlust, im Grunde aber eben um die jüdische Weltgeltung, die unserer Lösung der Judenfrage die Vernichtung des deutschen Volkes entgegenstellt. Es ist schon ein ›Glaubenskrieg‹, und zwar ein sehr radikaler, an dessen Ende nur vollständige Vernichtungen stehen ...«

1.3.1942 Sonntag
O'Gefr. A. G.
Kurierstaffel des Führers (Roslawl)

»... Daß wir den Krieg gewinnen, darüber kann ja kein Zweifel herrschen. Es geht ja hier um zwei große Weltanschauungen. Entweder wir oder die Juden. Wir müssen und werden auch diesen Krieg gewinnen ...«

12.4.1942 Sonntag
Gefr. H. W.
Stab/Inf.Div.Nachr.Abt. 387, 387. Inf.Div.
FPN 45 842

»... Zur Zeit befinden wir uns in einer größeren Stadt in einem angeschossenen, leeren Haus als Dienststelle mit dem engsten Divisions-Stab untergebracht und nächtigen in einer polnisch-russischen Kaserne unter Verhältnissen, die man nur persönlich schildern kann. Dreck, Gestank, die Unterkunftsräume in ihrer Ausstattung einfach ganz katastrophal. Man möchte fast ersticken. Wenn man sich auf die Straße begibt, sieht man nichts wie Dreck, die Leute – furchtbar, wie arm. Gaststätten Cafés, sowas ist überhaupt undenkbar, das gibt es gar nicht. Die Juden sind am zünftigsten, noch dreckiger, die freundlichsten Menschen überhaupt und stets grüßend (letzteres müssen sie alle mit Ausnahme der Weiblichkeit durch Abnehmen der Kopfbedeckung vor *jedem* deutschen Soldaten). Diese Schweine von menschlichen Lebewesen. Die haben uns ganz offensichtlich diese Schmach des Krieges gebracht. Sie tragen alle in der Mitte des Rückens einen großen, gelben Punkt, auch Frauen. Diejenigen, die außerdem im Zionistenbund waren, tragen am Ärmel, ähnlich wie eine Rotkreuzbinde, die Binde mit einem großen Stern, ähnlich wie Sowjetstern und Aufschrift ...

Die Entscheidung mit Rußland fällt je heuer bestimmt im Sommer. Es sind ja kolossal viel neue Truppen aufgestellt worden. Von wegen Mangel an Soldaten, da täuscht man sich schwer. Der Aufmarsch ist gewaltig. Nun ja, die Zeit wird es bald bringen. In kürzester Zeit erleben wir die Tatsache. Und wenn der Ostfeldzug zu Ende ist, ist der Krieg für mich auch zu Ende. Nur schade, daß der Morast solche Schwierigkeiten in den Weg legt und den Beginn der Operation in die Länge zieht. Aber es ist fast auf den Tag alles schon festgelegt ...«

18.4.1942 Samstag
K.V.-Insp. H. K.
H.K.P. 610 (Baranowice)
FPN 37 634

»... Heute nachmittag bin ich also am zweiten schönen Frühlingstag glücklich in B. gelandet, nachdem ich Warschau gegen 20 Uhr verlassen hatte. In Terespol, der russisch-polnischen Grenzstadt, war von 5 bis 7 Uhr früh Aufenthalt, den ich zu einem Spaziergang bis zur Bugbrücke benutzte. Die Landschaft ist von großartiger Eintönigkeit: Ebene, nichts als Ebene, Kiefern- und Birkenwälder, dürftig bebaute Äcker, ähnlich wie in Ostpreußen, viele Sümpfe mit ausgedehnten Wasserflächen. Menschliche Behausungen trifft man nur selten, die Dörfer bestehen aus ein paar Bretterbuden mit Strohdächern. Auch Baranowice ist ein klägliches, dreckiges Nest, das aber sogar über einen Sender (›Urwaldsender Baranowice‹) verfügt. Wir paar Offiziere des H.K.P. sind in einer ehemaligen Sowjetschule recht gut untergebracht. Zu tun gibt es viel, da auch zahlreiche Zivilangestellte und Arbeiter (Russen und Juden) zu betreuen sind. Die Juden, auch Frauen und Mädchen, dürfen nur in Kolonnen, von litauischer Polizei begleitet, aus dem Ghetto auf die Straße zur Arbeit gehen und werden haufenweise erschossen, da man sie los sein will und ihnen vorwirft, mit den Partisanen der Umgebung gemeinsame Sache zu machen ...«

21.4.1942
K.V.-Insp. H. K.
H.K.P. 610 (Baranowice)
FPN 37 634

»… Gestern abend waren wir bei den zwei Offizieren des ›Urwaldsenders Baranowice‹, der etwa 100 m entfernt liegt und aus Sendegebäuden und einem 140 m hohen Sendeturm besteht. Auf dem Rückweg wollten wir etwas abkürzen und gerieten dabei so in den Dreck, daß ich, der nur einen Trainingsanzug und Turnschuhe an hatte, auf einem Bretterzaun entlangklettern mußte, um nicht stecken zu bleiben! …

Im Stall sägen zwei Juden seit sieben Monaten Holz und fragen ab und zu, ob sie nächstens auch erschossen würden. Von den etwa 8000 Juden unseres Städtchens sind nämlich neulich 2007 auf Verantwortung des Gebietskommissars, eines 52jährigen Ordensjunkers, erschossen worden, darunter viele Frauen und Kinder …«

22.4.1942
Sold. K. K.
Stab/Inf.Rgt. 543, 387. Inf.Div.
FPN 41 909

»... Am 11. ging's von unserem Truppenübungsplatz weg und kamen nach einer Fahrt von drei Tagen an der Grenze des Sowjetparadieses an. Bald darauf wurden wir ausgeladen und marschierten nun, täglich vorläufig 20–30 km zurücklegend, immer weiter nach Osten. Der erste Eindruck, was Land und Leute betrifft, war natürlich nicht der beste. Herrliche ›Visagen‹ von Juden und ähnlichem Zeug waren zu sehen. Gleich die ersten Ortschaften waren größtenteils zerstört, besonders die Judenviertel. Da haben unsere Stukas ganze Arbeit geleistet. An unserer Marschstraße, eine der wenigen guten Straßen des Stalin'schen Reiches, liegen heute noch Hunderte von russischen Panzerwagen aller Größen. Auch vereinzelte deutsche Heldengräber, durchweg recht schön hergerichtet, sieht man. Dort verweilten wir öfters in einer Minute stillen Gedenkens. Landschaftlich war die Gegend zuerst sehr öde, auch die letzten Reste des Schnees, der hier zwei bis drei Meter hoch lag, verschwanden erst vor kurzer Zeit. Jetzt aber wird auch hier Frühling, und wir kommen nun in eine Gegend, die täglich fruchtbarer wird. Leider ist der Boden so gar nicht ausgenutzt. Die Bauern, die vielfach ihre Hütten bereits wieder aufbauten, sind durchwegs arm, leider aber aus eigenem Verschulden bzw. am Verhalten ihrer früheren Regierung. Da liegt noch ein schönes Stück Arbeit für die zum Einsatz Einberufenen vor!

Unser erstes größeres Teilziel ist eine größere Stadt im südlichen Abschnitt. Von dort aus geht's dann nach vorn zum Einsatz ...«

14.5.1942 Donnerstag
K.V.-Insp. H. K.
H.K.P. 610 (Brest/Bug)
FPN 37 634

»... Mit viel List und Tücke habe ich einige Möbel zur Ausstattung unserer Räume aufgetrieben und bin nun auf der Suche nach ein paar Tassen, Tellern und ähnlichem. Zu kaufen gibt es nicht das mindeste. Wenn ich gar nichts kriege, muß ich die Sachen im Ghetto erpressen, das aber schon sehr geleert ist. Man erhält zu diesem Zweck einfach einen Lieferungsbefehl von der Stadtverwaltung, der dem Judenrat übergeben wird; bezahlt wird natürlich kein Pfennig. Falls nicht geliefert wird, droht man mit Erschießen. Normale Wege sind selbst in den Beziehungen der deutschen Behörden untereinander fast unmöglich ...«

17.5.1942
Am. D. S.
R.A.D.-Abt. 5/272
FPN 15 864

»... Das Schönste hier ist, daß alle Juden vor uns den Hut ausziehen. Wenn ein Jude uns schon von 100 m sieht, zieht er schon seinen Hut aus. Wenn er es nicht tut, dann bringen wir es ihm bei. Hier fühlst Du Dich als Soldat, denn hier haben wir das Wort ...«

28.5.1942 Donnerstag
K.V.-Insp. H. K.
H.K.P. 610 (Brest/Bug)
FPN 37 634

»… Sorge macht mir die Ernährung unserer polnischen Zivilisten, deren Arbeitsleistung stark absinkt. Wir erhalten für sie nur soviel Lebensmittel, daß wir fünfmal in der Woche bei 60stündiger Arbeitszeit eine klägliche Suppe reichen können, und was die Leute außerdem durch die städtische Zivilverwaltung bekommen, ist völlig ungenügend. Noch schlimmer steht's bei den Juden, von denen manche bei dringenden Straßenarbeiten vor Hunger einfach umfallen. Dagegen hilft auch kein Prügeln oder Erschießen …«

18.7.1942 Samstag
Zahlm. d.R. H. K.
H.K.P. 610 (Brest/Bug)
FPN 37 634

»… In Bereza-Kartuska, wo ich Mittagsstation machte, hatte man gerade am Tage vorher etwa 1300 Juden erschossen. Sie wurden zu einer Kuhle außerhalb des Ortes gebracht. Männer, Frauen und Kinder mußten sich dort völlig ausziehen und wurden durch Genickschuß erledigt. Die Kleider wurden desinfiziert und wieder verwendet. Ich bin der Überzeugung: Wenn der Krieg noch länger dauert, wird man die Juden auch noch zu Wurst verarbeiten und den russischen Kriegsgefangenen oder den gelernten jüdischen Arbeitern vorsetzen müssen …«

San.Uffz. K. G.
Stab/Lw.Bau-Btl. 6/VII
FPN L 08 440

»... Die große Aufgabe, die uns im Kampf gegen den Bolschewismus gestellt ist, liegt darin in der Vernichtung des ewigen Judentums. Wenn man so sieht, was der Russe hier in Rußland angerichtet hat, so kann man erst so recht verstehen, warum der Führer den Kampf gegen das Judentum begonnen hat. Was wäre über unser Vaterland nicht alles an Leid gekommen, wenn diese Bestie Mensch die Oberhand behalten hätte? Wir liegen noch etwas weiter zurück, so daß wir mit den Russen noch nie in Gefechtsberührung gekommen sind. Allerdings treibt sich im rückwärtigen Gebiet noch allerhand lichtscheues Gesindel umher, das unter Umständen gefährlicher ist als vorne im Kampf. Es ist kein Gegner im offenen Kampf, sondern sucht seine Beute bei Nacht. Kürzlich wurde ein Kamerad von uns bei Nacht ermordet im Walde aufgefunden. Er wurde von hinten abgestochen. Das kann nur der Jude sein, der hinter diesen Verbrechen steckt. Die darauf vorgenommene Razzia ergab auch einen ganz schönen Erfolg. Die Bevölkerung selbst haßt den Juden wie noch nie. Sie sehen jetzt ein, daß er an allem die Schuld trägt. Dieser Kampf muß bis zum Äußersten geführt und durchgekämpft werden, dann wird die Welt den ewigen Frieden finden ...«

19.7.1942 Sonntag
Untermeister (Sdf.) K. B.
2. Kp./Techn. Abt. II
FPN 17 056

»... Schon vor dem Kriege sprachen wir oft bei S.A.-Zusammenkünften die Verhältnisse in Rußland an und hatten oft den Wunsch, dieses Land näher kennenzulernen. Der Krieg bot nun Gelegenheit, uns an Ort und Stelle von den Zuständen in diesem von den Russen so oft gepriesenen Sowjetparadies zu überzeugen. Meine Vorstellungen wurden dabei weit übertroffen. Das russische Volk wurde nur mehr als Arbeitstiere betrachtet und stand völlig unter der Knute des Judentums. Die Bevölkerung ist mehr als arm. Sie besitzt nicht einmal, was zum Leben und zur Führung eines allgemeinen Hausstandes nötig ist. Dafür findet man in den Wohnungen der Juden alles, was man haben will. Ein großer Teil der Juden hat sich in die noch nicht gefährdeten Gebiete zurückgezogen. Die übrigen blieben in den Städten zurück und versuchten nach echt jüdischer Art, bei den deutschen Soldaten zu betteln und Mitleid zu erregen, was ihnen jedoch nur selten gelingt. Angetrieben durch die jüdischen Kommissare zerstören die Russen bei ihrem Rückzug alles, was ihnen irgendwie wertvoll erscheint. Die jüdischen Haupttäter suchen dann das Weite und lassen die Bevölkerung dafür büßen. [...] Die meisten Wohnungen sind nur Lehmhütten. Wenn ich behaupte, daß ein Großteil der deutschen Tierställe dagegen als Villen zu bezeichnen sind, so ist dies bestimmt nicht zuviel gesagt. Das Judenpack und ihre Helfershelfer dagegen bewohnten große Etagenhäuser mit allem Komfort. [...] Und immer neue und zum Teil noch schlimmere Schandtaten tun sich vor unseren Augen auf. Allen in der Heimat wünsche ich, daß sie nur für wenige Tage nach Rußland kommen und sich von den herrschenden Zuständen überzeugen können, denn die Heimat kann sich trotz unserer Briefe gar kein Bild machen von den Verhältnissen, die wir hier angetroffen haben ...«

14.8.1942 Freitag
Uffz. F. K.
4. Kp./Bau-Btl. 55

»... Den STÜRMER erhalte ich nun zum dritten Mal. Das freut mich von ganzem Herzen und bewegt mich, Ihnen von Herzen zu danken. Eine größere Freude hätten Sie mir nicht machen können. Als S.A.-Mann habe ich längst das jüdische Gift in unserem Volk erkannt; wie weit es mit uns hätte kommen können, das sehen wir erst jetzt in diesem Feldzug. Was das Juden-Regime in Rußland angerichtet hat, sehen wir mit jedem Tag, und auch der letzte Zweifler dürfte hier angesichts der Tatsachen kuriert werden. Es muß und wird uns gelingen, die Welt von dieser Pest zu befreien, dafür garantiert der deutsche Soldat der Ostfront, und wir wollen nicht eher zurück, als hier die Wurzel allen Übels ausgerissen und die Zentrale der jüdisch-bolschewistischen ›Weltbeglücker‹ vernichtet ist. Mögen unsere Wünsche recht bald in Erfüllung gehen, denn nur dann kann uns ein *frohes* Wiedersehen vereinigen, wenn wir uns vom jüdischen Einfluß von innen und außen befreit wissen.«

24.8.1942 Montag
Hptm. G. H.
Stab/Res.Art.Rgt. 5, Div. 165

»... Über die Judenfrage kann man nur sagen, daß man erstaunt sein muß, wie wenig die französische Bevölkerung – auch sogenannte gebildete Kreise – hier noch der Aufklärung bedürfen. Jetzt tritt auch der Judenstern auf der Kleidung in Erscheinung, aber eine Absonderung von der Bevölkerung kann man nicht wahrnehmen. Frankreich wird einmal sehend werden ...«

26.8.1942 Mittwoch
Ing. H. J.
Dt. Heeresmission Rumänien

»... Im Augenblick bin ich wieder beim Verladen von Baracken für Rußland, und zwar habe ich mir hierfür Juden geholt, damit sie auch mal das Arbeiten lernen, und zwar das Arbeiten für unseren Krieg gegen Plutokratie und gegen das Judentum. Ironie des Schicksals! ...«

2.9.1942 Mittwoch
Uffz. H. H.
3. Kp./Ldsschtz.Btl. 990

»... Heute kann ich Ihnen mitteilen, daß ich vom STÜRMER-Verlag laufend die Zeitung erhalte. Der STÜRMER ist das richtige Kampfblatt und gibt auch jenen Einblick und Aufklärung, die nicht wie wir das alles mit eigenen Augen schauen können. Über 2½ Jahre befinde ich mich jetzt schon im Osten, Sie dürfen glauben, daß wir hier die ganze Gefährlichkeit der Juden erkannt haben. Die Ausrottung und Vernichtung ist das einzige am Platze, und wir hoffen, daß die Stunde nicht mehr so fern liegt, wo auch der letzte sein eigenes Grab schaufelt ...«

23.9.1942 Mittwoch
Zahlm. d.R. H. K.
H.K.P. 610 (Baranowice)

»… Daß unsere Stimmung durch die Taten- und Arbeitslosigkeit nicht gerade gehoben wird, ist wohl klar. Zur Zeit sind wir außerdem durch eine neue Judenaktion beeindruckt; Einzelheiten, die ich dir ersparen möchte, sah ich heute bei einem Gang längs des betreffenden Wohnviertels …«

7.12.1942 Montag
Sold. S. M.
Trägerfrequenz Zug 28 (z. Zt. auf dem Wege zur Front)

»… Hier oben sieht man so viele Strafgefangenenlager, die Bauarbeiten und noch so verschiedenes machen. Juden kommen hier, das heißt in Auschwitz, wöchentlich 7–8000 an, die nach kurzem den ›Heldentod‹ sterben. Es ist doch gut, wenn man einmal in der Welt umher kommt …«

Muni-fabriken stehen als Ruinen in u. bei den Städten. Ganz Russland war ein Rüstungsarsenal. Alles ist aber ohne große Planung, wahllos u. ohne Stil hingebaut. Es spricht aus all dem die schrecklich chaotische Fratze des Judentums. Ich glaubte das nicht, bis ich hierherkam. Aber nun verstehe ich u. finde es voll am Platze; es gibt nur eins für das Judentum: Vernichtung. Es ist unaussprechlich, welches Chaos hier herrscht. Unvergeßlich ist mir das Telefonmastengewühl, das dunkel mit ungültigen Drähten beiderseits der Straße in Slawjansk zum Himmel starrte – ein Chaos ohnegleichen. Und ich versicherte mir, daß die gesamte Leitung aller Institutionen Juden waren. So ist ihre Schuld riesengroß, das angerichtete Leid unfaßbar u. ihr Morden teuflisch. Es kann nur durch ihre Vernichtung gesühnt werden. Ich habe diese Art bisher als unmoralisch abgelehnt. Nach

Unsere Feldstrecke war Warschau – Minsk – Brest-Litowsk, Kowno
Krementschug – Poltawa – Richtung Stalingrad

18.12.1942
Fw. E. E.
Marsch-Bataillon

»... Gott sei Dank aber, daß wir nach Süden kommen. Denn der Winter ist nicht so streng, und das Partisanentum, dieses hinterhältigste Verbrechertum, ist hier nicht anzutreffen. Da ist der Mittel- und Nordabschnitt viel schlechter dran. [...] Die Städte sehen verwahrlost aus, breite, ausgetretene Straßen, die völlig vereist sind und auf denen zerlumpte Kinder auf einem Fuß eislaufen. Die Häuser sind Bretterbuden, mit Halteleisten verklebt und dann mit einem Anwurf weiß getüncht. Das ist in der Ukraine. Die Häuser und Wohnungen sind sauber. Die Menschen sehen alle wohlgenährt aus und sind sehr prall. Manchmal begegnen uns wunderschöne Mädels, Perlen des Landes. Aber was russisch ist, starrt vor Dreck, auch die Bauten sind Hütten. Kirchen gibt es sehr sehr wenige, und was steht, war bis vor kurzem Magazin, Pferdeställe oder Kinos. Nur Fabriken stehen als Ruinen in und bei den Städten. Ganz Rußland war ein Rüstungsarsenal. Alles ist aber ohne große Planung, wahllos und ohne Stil gebaut. Es spricht aus all dem die schrecklich chaotische Fratze des Judentums. Ich glaubte das nicht, bis ich hier her kam. Aber nun verstehe ich, und finde es voll am Platze. Es gibt nur eins für das Judentum: Vernichtung. Es ist unaussprechlich, welches Chaos hier herrscht. Unvergeßlich ist mir das Telefonmastengewirr, das dunkel mit unzähligen Drähten beiderseits der Stadt Sslawjansk zum Himmel starrte – ein Chaos ohnegleichen. Und ich versicherte mir, daß die gesamte Leitung aller Institutionen Juden waren. So ist ihre Schuld riesengroß, das angerichtete Leid unfaßbar und ihr Morden teuflisch. Es kann nur durch ihre Vernichtung gesühnt werden. Ich habe diese Art bisher als unmoralisch abgelehnt. Nach dieser Schau des Sowjetparadieses aber weiß ich selbst keine andere Lösung. In diesem Ostjudentum lebt der Abschaum jeglichen Verbrechertums, und die Einmaligkeit unserer Sendung ist mir bewußt ...«

30.1.1943 Samstag
Rittm. K. H.
Abt.La./Wi.Kdo. Brieg z.b.V.

»... Der erste Fehler war, daß wir die russischen Gefangenen von 1941 verkommen ließen. Wir hätten wohl 1942 nicht mehr zu kämpfen brauchen – der russische Soldat wäre vertrauensvoll übergelaufen zu uns.

Der zweite Fehler war die Behandlung der bäuerlichen Belange ...

Schieberei im ganzen Ostraum ist eine weitere Sünde, die das Unheil hervorbringt, die ›Lösung der Judenfrage‹ die vierte ...«

5.3.1943 Freitag
Reg.Insp. Ch. B.
Stab I/Flak-Rgt. 501

»... Der große Gegensatz zwischen unserer Welt und der Welt der Polen bot sich mir ja dann gleich, als ich in die Gegend von Warschau kam. Diesen Unterschied zu schildern macht mir zuviel Mühe, und ich erzählte Dir ja schon davon, als ich im Frühjahr 1941 in diese schmucklose Welt verschlagen wurde. Aufgefallen ist mir, daß es keine Juden mehr hat ...«

9.5.1943 Sonntag
O'Gefr. W. F.
4. Kp./Fla.M.G.Btl.(schw.) mot. Z 52, bei 12. Pz.Div.

»... Papa schrieb kürzlich, er glaube, dieser Krieg wäre ein Kampf zwischen Juden und Katholiken. Ich glaube, es ist der Kampf des Judentums gegen den arischen Menschen, gegen alles, was sauber, fleißiger und tüchtiger ist als der Jude. In Deutschland hat er dabei seinen gefährlichsten Gegner erkannt, den er mit Hilfe anderer arischer Menschen vernichten will, als Kämpfer selbst tritt er nicht auf, dafür arbeitet und hetzt er im Hintergrund und hat dabei alle Fäden in der Hand, ist aber deshalb schwer selbst zu bekämpfen. Er bedient sich dabei aller Mittel und Völker. Seien es Katholiken, Bolschewisten, Protestanten, mag er sie nach der Vernichtung Deutschlands selbst bekämpfen – jetzt ist alles recht, um das erste Ziel zu erreichen. Was uns bevorsteht, dürfte jedem klar sein. Ich las in einem Artikel von Bruno Brehm von dem schönen, reichen Rußland der Vorkriegszeit, diesen frommen, fröhlichen Menschen. Was hat das Judentum durch den Bolschewismus daraus gemacht? Wie war es in den baltischen Randstaaten, die uns in Lebensart und Kulturniveau gleichwertiger sind! Man kam als Wolf im Schafspelz und zog diesen Pelz immer wieder aus. Fast 10% des gesamten Volkes sind verschleppt, jedenfalls sind es bestimmt über 100 000 Menschen von 1,1 Millionen Einwohnern. Wie oft hören wir hier Worte des Hasses gegen Juden und Bolschewisten von den Russen! Wie fröhlich, gläubig und befreit sie in diesem Jahr das Osterfest, das größte und schönste Fest des alten Rußlands! ...«

15.5.1943 Samstag
Uffz. A. N.
Fl.H.Kdtr.(A) 221/XII (Lyon)

»... Was sagst Du übrigens zu den Meldungen aus Afrika? Das muß ja dort eine unheimliche Übermacht gewesen sein, gegen die unsere braven Jungs kämpfen mußten und zum Schluß doch verloren haben. Da muß ich auch immer daran denken, was in dem Buch steht, das Du mir zum Geburtstag geschenkt hast von den Hintergründen des Roosevelt-Krieges. Wo wäre wohl England jetzt, wenn die USA sich neutral gehalten hätten? Ich glaube, der Krieg wäre schon längst zu Ende. Aber es muß tatsächlich der Jude hinter allem stecken, der uns vernichten will und nachher über den Trümmern der Welt herrschen. Und das darf nicht geschehen, komme, was will ...«

27.5.1943 Donnerstag
Uffz. A.N.
Fl.H.Kdtr.(A) 221/XII (Lyon)

»... Wenn Ihr in Deutschland nämlich den Glauben an den Sieg verlieren wollt, dann ist das so ziemlich das Schlimmste, was Ihr den Soldaten an der Front und auch uns antun könnt. Der Weltkrieg ist dadurch für Deutschland verlorengegangen, daß die Moral in der Heimat von der Feindpropaganda und von den Juden untergraben worden ist. Sollte das nochmal passieren? Was dann kommen würde, das können wir uns alle an den fünf Fingern abzählen ...«

29.5.1943 Samstag
Uffz. A. N.
Fl.H.Kdtr.(A) 221/XII (Lyon)

»... Dieser Krieg darf unter keinen Umständen verlorengehen! Was wäre wohl dann? Deutschland existierte jedenfalls nach einem verlorenen Krieg nicht mehr. Und das weiß der Führer bestimmt. Wir können eben immer nur wieder den Herrgott bitten, daß er den Führer und unsere Waffen segnen möchte. Es kann doch nicht sein, daß der Jude siegt und herrscht. Die Engländer und Amerikaner sind sowieso die größten Verräter an der weißen Rasse und an der germanischen Kultur. Sie wissen ganz genau, worum es geht. Und die wollen uns mit Hilfe der Russen als Konkurrenten aus dem Felde schlagen. Und wissen vielleicht selbst nicht, daß sie damit nur dem Juden dienen ...«

12.6.1943 Samstag
O'Gefr. H. H.
1.Kp./Geb.Div.Nachr.Abt. 91, 6. Geb.Div.

»... Unter uns Kameraden darf man auch alles reden. Die Zeit des Fanatismus und der Nichtduldung anderer Ansichten ist vorbei, und allmählich beginnt man klarer und nüchterner zu denken. Wollen wir den Krieg gewinnen, dann müssen wir auch vernünftiger werden und dürfen nicht mehr so großprahlerisch alle Welt abstoßen. Das hast' ja selber auf dem Appell gemerkt, daß man heute schon anders spricht als vor drei Jahren. Es ist richtig, wir müssen den Krieg gewinnen, um nicht der Rache der Juden ausgeliefert zu werden, aber die Träume von einer Weltherrschaft sind dahin ...«

27.6.1943 Sonntag
Sold. H. R.
Pferde-Laz. 575 (Dünaburg)
FPN 47 168

»… Ich habe schon lange den Glauben an ein gutes Ende verloren. Sollte noch ein wenig Hoffnung sein, dann nur noch drei Monate. Dann glaubt kein Soldat mehr an ein gutes Ende. Hier machen sich eben schon viele Gedanken, wenn so etwas eintritt, dann kommen von uns auch manche nicht mehr heim.

Die Bevölkerung ist uns Deutschen nicht gut gesinnt. Die Stadt Dünaburg ist zur Hälfte auch nur noch ein Trümmerfeld. Hier lebten bis zu 75% Juden. Diese haben ihre Häuser, meist ehe die Deutschen kamen, selbst gesprengt oder verbrannt. Daraufhin sind zusammen 30 000 Juden nicht weit von der Stadt erschossen worden. Außerdem sind an anderen Leuten auch durch uns viele Erschießungen vollstreckt worden über Kleinigkeiten. Der Deutsche ist einmal dadurch nirgends gern gesehen. Die Leute sind mißtrauisch.

Ja Ihr Lieben, so macht sich jeder dauernd schwere Gedanken über die so sehr dunkle Zukunft. Gestern abend brachten sie im Radio die große Dummheit, in Pommern wäre ein 82jähriger Bauer und seine 75jährige Frau, sie hätten durch die Einziehung ihres Sohnes den 200 Morgen großen Hof wieder selbst übernommen. Es werden demnach diese so alten Leute im Dritten Reich wieder jung gemacht. Die Lügen werden immer dümmer. Ich glaube, wir bekommen keine vernünftigen Zeiten mehr in unserem Leben. Wenn dieses Jahr die Entscheidung nicht fällt, sind wir bestimmt verloren …«

23.8.1943 Montag
Uffz. H. K.
3. techn.Kp./F.F.S. C 21 (Bialystok)

»… Hier bei uns gibt es nicht viel Neues, die letzten Tage wurde das Ghetto hier ausgeräuchert. Leider konnten aber einige Juden türmen gehen, und ab und zu gibt es noch kleinere Schießereien …«

22.12.1943 Mittwoch
W. J.
7. Bttr./Art.Rgt. 116, 5. Pz.Div.

»… Unsere Feinde werden auf gar keinen Fall erreichen, was sie wollen, dafür wird der Soldat an der Front und der Arbeiter in der Heimat sorgen, auch wenn Kummer und Sorgen noch mehr unsere Seele belasten. Auf gar keinen Fall darf bei uns eine Ermüdung eintreten oder dürfen wir schwach werden, es wäre unser Untergang, und Juda hätte erreicht, wonach es schon lange strebt. In diesem Sinne wollen wir weiter handeln, und unsere Arbeit wird von Erfolg gekrönt sein …«

25.4.1944 Dienstag
O'Gefr. H. B.
10. Kp./Fallsch.Pz.Rgt. »H.G.«

»... Liebe Mutter! Deine Einstellung den Juden gegenüber hat sich ja auch mächtig geändert. Hast Du die Juden nicht vorher bedauert, und jetzt willst Du sie sogar schlagen helfen. Ja, ja, die Zeiten ändern sich ...«

20.5.1944 Samstag
Gefr. G. C.
2. Werkst.Kp. 311
FPN 46 846

»... Hier im Orte hat es mal viele Juden gegeben, neulich hatten wir Pech, beim Tarnen von Geschützen (Einpflanzen von Bäumen) stießen wir auf eingescharrte Leichen. Ja, man kann so allerhand erleben, aber es kann uns als alte Krieger nicht mehr erschüttern ...«

31.7.1944 Montag
O'Gefr. B.
3. Kol. d. 9. Kp./Wi.Kw.Trsp.Rgt. z.b.V. 628

»... Das Wort des Führers, wonach es am Ende des Krieges nur noch Überlebende gibt, wird bittere Wahrheit werden. Aber was auch kommen mag, es wird nicht so schlimm sein, als wenn die teuflische Fratze des Juden nochmals über uns triumphieren würde ...«

7.8.1944 Montag
Uffz. E.
Ortskdtr. (II) 351

»... Wir sind der festen Überzeugung, daß die Schäden, die uns die verfluchten Verräter zugefügt haben, bald behoben sein werden, und dann ist das Schwerste überstanden, und es geht dann aber mit Volldampf dem Siege entgegen. Siehst Du, wie uns diese Schweine um alles im letzten Augenblick bringen wollten. Wir wissen, daß diese Gauner alle Freimaurer und somit dem internationalen Judentum zugetan oder besser gesagt, hörig sind. Schade, daß ich bei der Aktion gegen diese Schurken nicht dabei sein konnte. Das wäre eine Freude gewesen, wie es aus meiner Maschinenpistole geraucht hätte ...«

11.8.1944 Freitag
O'Gefr. G. G.
Pi.Masch.Zug/Br.Bau-Btl. 624

»... Na, hoffen wir, daß der Krieg bald ein Ende nimmt, daß das Hinschlachten aufhört und ein neues Leben aufblüht aus den Ruinen. Jedenfalls, wenn wir diesen Krieg verlieren, sind wir für Jahrzehnte erledigt, der Judenrache schon wegen ...«

16.8.1944 Mittwoch
Uffz. O. D.
4. Kp./Trsp.Sich.Rgt. 882

»... Ja, meine liebe Else, an Ruhe ist nicht mehr zu denken, jetzt geht's auf's Ganze, auf Biegen und Brechen, wir müssen den Sieg erringen, Deutschland muß leben. Es darf nie untergehen unser schönes Deutschland, und wenn es auch noch so viele Opfer kostet. Wenn ja in dieser Hinsicht für die Angehörigen ((es)) sehr traurig ist, ihr Liebstes dahinzugeben. Aber dagegen läßt sich nun einmal nichts ändern, in diesem Falle muß es sein, denn es kann und darf nicht sein, daß wir den Krieg verlieren, dann sind wir Deutsche unrettbar verloren. Die Juden werden dann über uns herfallen und alles ausrotten, was deutsch ist, es würde ein furchtbares und grausames Hinmorden geben ...«

27.8.1944 Sonntag
Gefr. K.B.
6. Kp./Kw.Trsp.Abt. z.b.V. 503

»... Mami ich möchte Dir etwas schreiben, aber nicht lachen. Du weißt doch die ganze Sache steht jetzt auf der Messerspitze. Es geht jetzt doch um die Entscheidung und ich habe das Gefühl, als wenn das Messer abbricht. Der Krieg geht seinem Ende entgegen, aber ich glaube nicht für uns. Du weißt doch der Jude wird eine Blutrache nehmen, hauptsächlich an den Parteileuten. Ich war ja leider auch einer der die Parteiuniform getragen hat. Ich habe es ja schon bereut. Ich bitte Dich bringe die Uniform beiseite, ganz gleich wohin und wenn Du die ganzen Sachen verbrennst. Ich kann schon des nachts nicht mehr schlafen darum. Das macht mir solche Sorgen, das glaubst Du garnicht. Ich komme schließlich gut hier durch, das heißt, wenn ich noch nicht direkt an die Front komme. Auch Du in der Frauenschaft und der Junge in der Hitlerjugend, das sind alles solche Sachen, die ich heute ganz anders ansehe. Gewiß der Hitler hat viel geschaffen, aber auch... Ich weiß nicht, vielleicht sehe ich zu schwarz, daß ich mich doch täusche, aber es ist doch alles dran. Nun Rumänien auch noch, wo wir solche Kämpfe haben ...«

wir z. Zt. noch. Vielleicht kommen wir mal bald wieder wo anders hin, aber vorläufig sind wir noch da.

Von den anderen Fronten hört man ja nichts Gutes, hoffentlich nimmt das noch ein gutes Ende. Jetzt auch Finnland. Sollte der Krieg wohl doch verloren gehen? Das wäre ja furchtbar und man müßte an der Vorsehung verzweifeln, solche Verbrecher sind wir Deutschen denn nun doch nicht gewesen, wenn auch die Nazi es mal ein bisschen toll mit den Juden getrieben haben. Also, ehe ich nach Rußland zur Zwangsarbeit muß, möchte ich schon lieber fallen, dann hätte wenigstens diese Scheiße ein Ende. Aber noch ist der Krieg nicht verloren, vielleicht

4.9.1944 Montag
Wm. L. D.
7. Bttr./Pz.Art.Rgt. 103, 4. Pz.Div.
FPN 03 711 B

»... Sollte der Krieg wohl doch verloren gehen? Das wäre ja furchtbar, und man müßte an der Vorsehung zweifeln, solche Verbrecher sind wir Deutschen denn nun doch nicht gewesen, wenn auch die Nazis es mal ein bißchen toll mit den Juden getrieben haben. Also ehe ich nach Rußland zur Zwangsarbeit muß, möchte ich lieber fallen, dann hätte wenigstens diese Scheiße ein Ende ...«

17.9.1944 Sonntag
Hptm. H. G. E.
Stab/Pz.Aufkl.Abt. 12, 12. Pz.Div.

»... Gestern erhielt ich ein russisches Flugblatt, das an die russischen Soldaten gerichtet war. Wohl kein Aufruf oder Zeitungsartikel kann aufrüttelnder sein, als der Befehl des Juden Ehrenburg: ›Soldaten der Roten Armee, nun holt euch eure Beute, die deutschen Frauen und Mädchen! Genießt den Duft ihres Fleisches und die Lust ihres Geschlechtes. Dann weidet euch am Morden der Faschisten. Holt euch die blonden germanischen Frauen, und so brecht ihr den deutschen Übermut!‹ Ich muß sagen, beim Lesen lief mir ein eiskalter Schauer über den Rücken. Man darf über diese Worte gar nicht weiter nachdenken, sie sind furchtbar. Grenzenloser Haß und letzte Hingabe ist die einzige Antwort, die wir darauf geben können. Wir *müssen* den Sieg an unsere Fahnen heften ...«

29.9.1944 Freitag
Gefr. H. W.
3. Leichtkr.Kriegslaz./Kriegslaz.Abt. 518

»... Dazu hört man im Radio immer wieder, wie man von seiten unserer Gegner mit uns Deutschen verfahren will, wenn der Krieg zuende ist. Bis zur Hälfte soll das deutsche Volk zur Zwangsarbeit herangezogen werden. Für uns in Westdeutschland ist es da vielleicht noch gut, unter die Besatzung der Westmächte zu kommen. Die Juden werden da ja bestimmt Vergeltung halten. Ich bin aber der Meinung, die werden ihre Feinde schon wiedererkennen. Im ganzen gesehen scheint es so, daß das Strafgericht Gottes noch nicht zu Ende ist ...«

15.10.1944 Sonntag
Uffz. H.V.
Stab/Beob.Abt. 71
FPN 59 160 A

»... Die Behandlung von Juden und Polen – jener schon vor, beider während des Krieges – war nicht nur ein verhängnisvoller politischer Fehler, sondern ein menschliches Unrecht, das in immer steigendem Maße das deutsche Volksgewissen belastete. Aus dieser Quelle stammt das tief verborgene Mißtrauen, das auch der einfache Mann mit einem Rest gesunder Vernunft unserer These vom ›gerechten Krieg‹ und der ›heiligen Sache‹ entgegenbringt. ›Wenn die losgelassen werden, die haben eine Rechnung zu begleichen.‹ ›Man hat es zu doll getrieben, das war ja nicht mehr menschlich.‹ So etwa lassen sich heute Parteigenossen hören, die vor einem oder zwei Jahren jede derartige Anwandlung weit von sich gewiesen hätten. Das deutsche Volk ist in dieser Hinsicht trotz einer zehnjährigen Erziehung und aller gegenteiligen Beweise in seiner überwiegenden Mehrzahl noch immer ein moralisch empfindendes Volk geblieben! Es hat einer satanischen Verführungskunst und eines raffinierten Systems der Massenräusche und der nationalen Überhitzung bedurft, um es zu dem fortzureißen, was es getan oder geduldet hat und worin es sich im Augenblick des Unglücks jetzt schaudernd erkennt. Das Gefühl für menschliches Recht und Unrecht ist in seinen besten Gliedern noch immer tief verankert. Der Deutsche ist von jeher in besonderem Maße ein Mensch des Gewissens gewesen, vor dessen Spruch er seine Schranken fand und das ihm zum ordnenden Maß der Wirklichkeit wurde. Wir können uns auf Luther und manchen anderen berufen. Auch Bismarcks Politik hatte sich vor dem Richterstuhl des eigenen und des nationalen, des religiösen und politischen Gewissens dauernd zu verantworten. – An diesem Punkt hat eine spätere Erziehung des deutschen Volkes in der Tiefe einzusetzen ...«

20. 11. 1944 Montag
Lw.Helfer …
Dormettingen

»… Allerdings gibt's auch andere seelische Belastungen, die schweren Charakters sind. Zum Beispiel das Judenproblem, das uns hier in nackter Wirklichkeit vor Augen geführt wird. Hier, durch die Neuerrichtung des Flugplatzes wie auch durch die umfangreichen Arbeiten der O.T. zur Schieferöl-Gewinnung bedingt, sind in großen KZ.-Lagern 1000de von Juden in Schlamm und Morast untergebracht. In einer mittelgroßen Baracke hausen in einem Raum 700 Juden, die aus Osteuropa verschleppt worden sind. Sie bekommen am Tag als Verpflegung zwei Scheiben Kommißbrot und 15 gr Fett, dazu eine Wassersuppe. Auch die Bekleidung ist natürlich höchst mangelhaft. Hierbei müssen sie – von Beruf Universitätsprofessoren, Ärzte, Buchbinder, Maler, Schreiber, Bäcker und Staatsbeamte – schwerste körperliche Arbeit leisten: tiefe Erdschächte ausheben, Kanalisation anlegen, Bäume fällen und anderes mehr. Um sie zur Höchstleistung anzutreiben, müssen natürlich nun Judenbewacher mit Karabiner hinterherlaufen, ihnen bei langsamer Arbeit Stockschläge übersünden und sie bei Entfernung über 3 m erschießen. Und diese Posten müssen wir ausfüllen. Hier den richtigen Weg zwischen Mitleid, Nächstenliebe und Pflicht zu finden, ist sehr, sehr schwer. Anfangs mied ich diesen Posten. Jetzt aber melde ich mich umso öfters dazu, um dadurch den ›Beleidigten und Erniedrigten‹ etwas Erleichterung zu verschaffen. Das ist natürlich verboten, und ich bin deswegen schon öfters angeeckt, aber ich halt es doch so für richtiger, als so, wie's die SS macht, die sie zur Bewachung im Lager haben und sie fast jeden Tag blutig schlagen. Jeden Tag gehen 30 natürlich und 20 an Selbstmorden zugrunde. […] Man muß erst richtig dreckig sein, um zu Gott zu kommen, im Konfirmationsanzug geht das nicht so …«